타일러
교육과정과
수업 설계의
기본 원리

The Basic Principles of Curriculum and Instruction

타일러
교육과정과
수업 설계의
기본 원리

초판 1쇄 인쇄 2024년 4월 30일
초판 1쇄 발행 2024년 5월 11일

지은이 랄프 타일러
옮긴이 이형빈
펴낸이 김승희
펴낸곳 도서출판 살림터

기획 정광일
편집 이희연·조현주·송승호
북디자인 꼬리별

인쇄·제본 (주)신화프린팅
종이 (주)명동지류

주소 서울시 양천구 목동동로 293, 2215-1호
전화 02-3141-6553
팩스 02-3141-6555
출판등록 2008년 3월 18일 제313-1990-12호
이메일 gwang80@hanmail.net
블로그 http://blog.naver.com/dkffk1020
한국교육연구네트워크 www.kednetwork.or.kr

Basic Principles of Curriculum and Instruction
By Ralph W. Tyler
© 1949, 1969, 2013 by The University of Chicago. All rights reserved.
Korean translation © 2024 by Sallimter Publishing Co. Licensed by The University of
Chicago Press, Chicago, Illinois, U.S.A. through Orange Agency

ISBN 979-11-5930-283-1 93370

*가격은 뒤표지에 있습니다.
*잘못된 책은 바꾸어 드립니다.

좋은교육과정연구소 연구총서 1

타일러
교육과정과 수업 설계의 기본 원리

랄프 타일러 지음 | 이형빈 옮김

살림터

Basic Principles of Curriculum and Instruction Ralph W. Tyler

이 책은 교육과정과 수업 설계에 필요한 논리적 근거를 제시하고자 한다. 이 책은 교육과정에 대한 종합적인 안내서나 읽기 자료를 제공하는 교과서가 아니다. 이 책은 교육과정 개발에 필요한 세부 단계를 알려주는 매뉴얼도 아니다. 이 책은 다만 교육과정의 본질적 기능을 이해하는 관점을 제시하고자 한다. 독자들은 이 책을 읽으면서 교육과정을 개발할 때 고려해야 할 논리적 근거, 좋은 교육과정에 포함되어야 할 요소를 나름대로 구상해야 한다.

교육과정과 수업을 설계할 때 생각해야 할 근본적인 질문은 다음 네 가지이다.

1. 학교가 추구해야 할 교육목표는 무엇인가?
2. 교육목표를 달성하려면 어떤 학습경험을 선정해야 하는가?
3. 학습경험을 효과적으로 조직하는 방법은 무엇인가?
4. 교육목표에 도달했는지 어떻게 평가해야 하는가?

이 책은 이러한 질문을 탐구하는 방법을 제시할 뿐, 질문에 대한 답은 알려주지 않는다. 그 답은 교육의 단계나 학교마다 다르기 때문이다. 이 책은 다만 답을 찾는 절차, 교육과정과 수업 설계에 필요한 논거rationale를 보여주고자 한다.

차례

옮긴이 주

- 원문을 직역하지 않고, 한국교육 상황에 적합한 어휘를 살려 우리말에 어울리는 문장으로 번역하였다.
- 교육학의 고유 용어, 엄밀하게 구분해야 할 개념 등은 원문을 함께 제시했다.
- 원문의 'purpose', 'objective', 'aim'을 모두 '교육목표'로 옮겼다. 교육학에서는 보통 교육목적purpose을 교육목표 objective의 상위개념으로 구분한다. 그러나 원문에서는 두 용어의 의미가 거의 구분되지 않고 있다. 저자는 특히 '명시적, 세부적 목표'를 강조하고 있기에, 이 어휘를 모두 '교육목표'로 옮겼다.
- 사람 이름과 학교 이름은 원어 그대로, 지역 이름은 우리말로 옮겨 제시하였다.

1.

학교가
추구해야 할
교육목표는
무엇인가?

■

　교육과정 중에는 명확한 목표가 제시되지 않은 것도 있다. 교과를 가르치는 교사에게 교과의 목표가 무엇이냐고 물어도 만족스러운 답을 듣기 어렵다. 그는 자기 교과의 목표가 전인교육이라고 말할지도 모른다. 물론 명확한 목표가 있는 교육만이 좋은 교육은 아니다. 교사 중에는 무엇이 좋은 교육인지, 어떤 주제와 학습자료를 다루어야 하고 이를 효과적으로 가르치는 방법이 무엇인지 직관적으로 아는 사람도 있다.

　그러나 좋은 교육과정을 만들고 이를 끊임없이 개선하려면 교육목표를 먼저 생각해야 한다. 교육목표는 학습자료 선택, 교육 내용 선정, 수업 설계, 평가 계획의 준거criteria가 된다. 이 요소들은 교육목표를 달성하기 위한 수단이다. 따라서 교육과정을 체계적, 학문적으로 만들려면 교육목표를 먼저 확인해야 한다.

　그렇다면 교육목표를 어떻게 수립해야 하는가? 바람직한 교육목표를 수립하려면 특정 개인이나 집단의 선호에 따라 좌우되지 않는 굳건한 토대가 있어야 한다. 교육목표 수립은 선택의 문제이다. 따라서 풍부한 교육철학과 신중한 가치 판단이 있어야 한다. 좋은 교육철학과 다양한 정보를 토대로 교육목표를 수립해야 한다. 그래야 올바른 의사결정을 하고 교육목표의 정당성과 타당성을 확보할 수 있다.

지난 30년 동안 교육과정 연구는 교육목표 수립의 토대를 구축해 왔다. 이 분야의 문헌은 대부분 교육목표 수립에 필요한 수백 가지 정보를 수집한 자료이다. 교육목표를 수립하려면 여러 가지 정보와 지식을 조사해야 한다. 중요한 것은 교육목표 수립에 필요한 정보를 어디서 얻느냐이다. 교육목표 수립의 토대가 무엇이어야 하느냐에 대해 본질주의자essentialist와 진보주의자progressive, 교과 전공자와 아동 심리학자, 학계와 학교 현장 사이에 끊임없는 논쟁이 진행되고 있다.

진보주의자는 아동의 흥미, 아동의 삶, 마음에 품은 목표를 중시한다. 진보주의자는 여기서 얻은 정보가 교육목표 수립의 토대가 되어야 한다고 본다. 이와 반대로 본질주의자들은 수천 년 동안 이어 온 지식과 문화유산이 교육목표 수립의 토대가 되어야 한다고 주장한다. 이들은 오랜 지식과 문화유산에서 핵심적인 지식을 골라 이를 교육목표로 삼아야 한다고 본다.

사회학자는 현대 사회를 분석하는 것이 중요하다고 본다. 이들은 현대 사회의 문제를 효과적으로 대처하는 데 필요한 지식, 기능, 태도 등을 기르는 것을 교육목표로 삼아야 한다고 주장한다.

이와 반대로, 교육철학자들은 세대에서 세대로 전승되어 온 기본 가치를 중시한다. 학교는 이 가치를 전달해야 하므로, 교육철학이 교육목표 수립의 토대가 되어야 한다고 본다.

교육목표를 올바로 수립하려면 여러 관점을 포괄적으로 살펴야 한다. 그러려면 여러 자료를 두루 살피면서 어떤 정보를 얻을 수 있을지 검토해야 한다.

(1) 학생에 대한 연구

가. 학생의 필요[1]

교육은 사람의 행동behavior을 변화시키는 과정이다. 여기서 말하는 행동이란 겉으로 드러난 동작action뿐만 아니라 사고와 감정까지를 포괄하는 용어이다. 따라서 교육목표란 학교가 학생의 행동을 어떤 방향으로 변화시켜야 하는지를 의미한다. 이를 명확히 하려면 학생에 대한 연구가 먼저 이루어져야 한다.

어느 지역 초등학생들의 영양과 건강 상태가 좋지 않다는 연구가 나왔다고 해 보자. 그렇다면 이 학생들에게는 보건 교육이 필요하다. 하지만 건강을 중시하지 않는 사회라면 보건 교육도 중시

---

1. 소제목 '가', '나', '다'는 원문에 없으나 독자의 이해를 돕기 위해 번역자가 붙인 것이다.

하지 않을 것이다. 영양 결핍을 대수롭지 않게 여기는 사회라면 영양 교육의 중요성도 간과할 것이다. 청년들이 경기 불황 때문에 일자리를 구하기 어렵다는 연구가 나오더라도 곧바로 직업 교육이 강화되지는 않는다.

교육목표를 수립하려면 이상적인 기준에 비추어 학생의 현재 상태가 어떠한지 알아야 한다. 이상과 현실 사이의 격차를 '필요 need'라고 한다.

여기서 말하는 '필요'는 심리학자들이 사용하는 의미와 다르다. 심리학자들은 인간을 내부 에너지와 외부 환경 사이에서 균형을 찾아가는 역동적 유기체로 본다. 이런 균형 상태를 유지하려면 필요가 충족되어야 한다. 필요가 충족되지 않으면 균형이 무너지고 긴장이 생긴다. 이러한 맥락에 따른 교육의 역할은 유기체의 필요를 충족시키는 방법을 알려주는 것이다.

심리학자 Prescott은 필요의 유형을 세 가지로 분류하였다. 첫째는 물질적 필요(음식, 물, 활동, 성 등), 둘째는 사회적 필요(애정, 소속, 지위, 명예 등), 셋째는 통합적 필요(자기 초월, 삶의 철학 등)이다. 학교와 사회의 역할은 학생의 필요를 즉각 채워주는 것이 아니라, 필요 충족의 방법을 올바로 익히도록 돕는 것이다.

따라서 학생에게 충족되지 못한 필요가 무엇인지, 그리고 그 필요를 충족시키려면 어떤 지식, 태도, 기술을 가져야 하는지 확인해야 교육목표를 수립할 수 있다. 학교가 학생의 필요를 충족시키는 방법을 알려주어야 학생의 학습 동기도 유발할 수 있을 것이다.

다시 한번 '필요'의 두 가지 의미를 명확히 구분해 보자. 첫째 의미는 '바람직한 기준'과 '실제 상황' 사이의 격차, 즉 '되어야 하는 상태'와 '현재 상태' 사이의 격차이다. 다른 의미는 심리학에서 사용하는 의미, 평형 상태에 이르기 이전의 '긴장 상태'이다.

지난 10여 년 동안 학생의 필요를 확인하기 위해 수많은 연구가 진행되었다. 이는 '필요'의 첫째 의미, 즉 바람직한 기준과 학생의 현재 상태의 격차를 분석하고 이에 따른 자료를 정리한 연구이다. 이와 달리 심리학 분야에서는 필요의 둘째 의미에 대한 연구가 이루어졌다.

교육목표를 수립할 때 학생의 필요를 고려해야 하는 이유는 다음과 같다. 학생이 가정이나 지역사회 등 학교 밖에서 충분히 경험했던 것을 학교가 다시 되풀이할 필요는 없다. 학교는 학생에게 부족한 것, 필요한 것에 집중해야 한다. 이에 대한 연구가 교육목표 수립의 토대가 된다. 이 연구는 크게 보면 학생의 현재 상태를 알아보는 것, 그리고 이를 이상적인 상태와 비교하여 그 차이를 밝히는 것 두 가지이다.

학생의 필요를 종합적으로 조사하다 보면 몇 가지 문제 상황을 확인하게 된다. 학생의 필요는 모든 생애에 걸쳐 있다. 이를 모두 연구하기는 어렵다. 따라서 학생의 삶을 몇 가지 중요한 국면으로 나누고 이를 하나하나 조사하는 것이 바람직하다.

어느 중학교 교직원들은 학생 연구 분야를 건강, 가족 관계, 친구 관계, 학교와 지역사회, 소비 생활, 직업 생활, 여가 생활로 나누었다. 이처럼 학생의 삶을 분야별로 나누어 조사하면 학생의 습관, 지식, 흥미 등을 수월하게 알아볼 수 있다.

예를 들어, 건강을 연구할 때는 식생활, 휴식, 청결 등에 대한 습관, 상식, 오개념, 태도, 책임감, 흥미 등을 각각 알아봐야 한다. 그러면 학생의 상태에 대해 많은 정보를 얻게 된다. 이를 통해 이상적인 상태와 현재 상태 사이의 격차를 알게 되고, 여기서 교육목표를 도출할 수 있다.

학생을 조사하다 보면 지역이나 계층과 상관없이 공통된 자료를 얻기도 하고 상당한 격차가 나오는 자료를 얻기도 한다. 예를 들어, 건강 습관, 읽기 쓰기 셈하기 능력, 사회에 대한 지식, 사회기관 활용 범위 등에는 상당한 격차가 있을 것이다. 따라서 공통 자료와 특정한 자료를 합하여 종합적인 분석을 해야 한다. 그래야 모든 학생에게 필요한 것, 일부 학생에게 필요한 것, 특정 학생에게만 필요한 것을 확인할 수 있다.

자기가 잘 알고 있는 학교를 하나 떠올려 보자. 교육목표 수립에 필요한 정보가 무엇일지 구체적인 연구계획을 세워 보자.

나. 학생의 흥미

교육목표를 수립할 때 학생의 흥미interest를 알아보는 것도 중요하다. 진보주의 교육학자들은 학생의 흥미를 교육목표 수립의 토대로 보았다. 이 견해에 따르면, 학생의 흥미를 고려해야 학습 동기를 유도할 수 있다.

진보주의 교육자들이 오로지 학생이 흥미를 갖는 것만 가르쳐야 한다고 주장하는 것은 아니다. 하지만 학생의 흥미를 교육목표 수립의 토대로 삼아야 한다고 주장하는 이유는 다음과 같다.

　　교육은 능동적인 과정이다. 여기에는 학생의 능동적인 노력도 포함된다. 일반적으로 학생은 '행함'을 통해 배운다. 학교가 학생의 흥미를 고려해야 학생은 이에 적극적으로 참여하고 자신이 처한 상황에 효과적으로 대처하는 방법을 배우게 된다. 학생이 현재 상황에 대처하는 능력이 향상될수록 장래에 처하게 될 새로운 상황에 대처하는 능력도 향상될 것이다. 그러므로 자신이 관심 있어 하는 일에 적극적으로 참여하고 온 마음을 다해 몰입하여 이를 성공적으로 수행하는 기회를 제공하는 것이 교육의 역할이다.

　　교육 프로그램을 만들 때 학생의 현재 관심사를 고려하지 않는 교사도 있다. 왜냐하면, 교육의 기능은 학생이 현재의 관심사에 머물게 하는 것이 아니라 그 관심사의 폭과 깊이를 더하게 하여 졸업 후에도 평생 교육을 이어가도록 하는 것이기 때문이다. 하지만 이들도 학생의 흥미로부터 교육이 시작되어야 한다는 것은 동의한다.

　　이러한 이유로 수많은 연구자가 학생의 흥미를 조사하여 무엇을 교육목표로 삼아야 할지 연구하였다. 학생의 흥미가 바람직하다면 여기서부터 좋은 교육이 시작될 수 있다. 반면에 학생의 흥미가 바람직하지 않거나 협소하다면, 이를 통해서도 학생의 필요, 즉 이상과 현실의 차이를 확인할 수 있다.

학생의 흥미에 대해 많은 분야의 연구가 이루어졌다. 예를 들어 과학에 대한 학생들의 흥미를 조사하여 초등학교 과학 교육과정을 설계하기도 했고, 읽기에 관한 학생들의 흥미를 조사하여 이를 토대로 문학 교육과정을 개발하기도 하였다. 게임이나 스포츠에 대한 흥미 조사가 체육 교육목표 수립의 토대가 되기도 하였다.

학생의 흥미는 매우 다양하다. 따라서 학생이 흥미로워할 만한 것을 한꺼번에 조사하기보다는 다양한 분야를 차례로 조사해야 한다. 예를 들어, 건강에 관한 관심사를 조사한 후 가정생활에 대한 관심사를 조사하는 것이 좋다.

학생의 흥미에 대한 조사로부터 의미 있는 결과를 얻으려면, 가장 친숙한 학교의 학생에 대한 연구부터 시작해 보자. 그러면 학생의 흥미에 대해 이미 알고 있었던 것이 무엇인지, 다른 분야의 흥미에 대해서는 무엇을 더 연구해야 하는지 알게 될 것이다. 다른 지역에서의 연구 결과가 그 학교 학생의 흥미를 알려주는 데에는 별다른 도움이 되지 않을 수 있다. 같은 지역의 학생이라도 집단에 따라 차이가 크기 때문이다.

다. 학생에 대한 연구 방법

모든 사회과학 연구방법론이 학생의 필요와 흥미에 대한 연구에 활용될 수 있다. 교사의 관찰을 통해 학생의 학교생활, 사회적 관계, 학습 습관 등에 대해 알 수 있다. 인터뷰를 통해 학생의 정서, 태도, 흥미, 삶의 철학 등에 대해 질적 자료를 얻을 수 있다. 하지만 인터뷰는 시간이 오래 걸리므로 표본 학생을 대상으로 진행된다. 학부모 인터뷰도 학생의 건강 습관이나 사회적 관계를 심도 있게 이해하는 데에 도움이 된다.

설문지는 학생이 쉽게 응할 수 있는 연구 도구이다. 설문지를 통해 학생의 흥미, 여가 활동, 개인적 어려움, 사회적 어려움, 독서 습관, 건강 습관, 노동 경험 등을 물을 수 있다. 읽기 쓰기 셈하기 능력, 지식과 태도, 문제해결 능력 등에 대한 진단평가도 학생 연구에 활용될 수 있다.

지역사회에는 학생의 필요와 흥미에 대한 자료가 축적되어 있다. 여기에는 청소년 비행, 건강상의 문제 등에 대한 기록도 포함되어 있다. 만약 학교에 학생에 대한 기록이 누적되어 있다면, 이에 대한 분석으로부터 연구를 시작해야 한다.

학생의 필요와 흥미에 대한 연구 방법은 매우 다양하다. 전문가가 아닌 교사도 참여할 수 있다. 가정 방문 조사, 자료 수집 등은 학생도 흥미를 갖고 참여할 수 있다. 하지만, 이를 형식적으로만 하면 교육목표를 제대로 수립할 수 없다.

학생에 대한 자료로부터 교육목표를 추출하는 특정 모델이 있는 것은 아니다. 자료를 통해 시사점을 생각하고, 바람직한 기준과 비교하고, 어떤 교육 프로그램을 통해 필요를 충족시킬 수 있는지 찾아야 한다. 자료 수집 자체가 중요한 것은 아니다. 같은 자료라도 서로 다르게 해석할 수 있기 때문이다.

학생 중 60%가 연예 기사를 좋아한다는 조사 결과가 나왔다고 하여, 연예 기사 읽기를 교육목표로 삼을 수는 없다. 오히려 학생들이 다양한 분야의 책을 깊게 읽도록 하는 것이 교육목표가 되어야 한다.

고등학생 중 90%가 대학에 가지 않는다는 통계를 보고, 직업교육을 강화해야겠다는 목표를 세울 수도 있다. 이와 반대로 졸업 후에는 접하기 어려운 교양 교육, 예를 들어 시민성 교육을 강조해야겠다는 목표를 세울 수도 있다.

자료를 올바른 방향으로 해석하려면 교육철학이 중요하다. 학생에 대한 자료 자체에서 교육목표가 저절로 도출되는 것은 아니다.

학교에서 해야 할 것과 사회 기관에서 해야 할 것을 구분하는 것도 중요하다. 예를 들어 영양 결핍은 교육적으로나 사회적으로나 심각한 문제이다. 만약 영양에 대한 지식이나 습관, 태도 등이 좋지 않다면 이를 학교에서 가르쳐야 한다. 이와 반대로 영양 결핍의 원인이 빈곤이나 식량 부족이라면 이를 사회적 차원에서 해결해야 한다.

교육목표를 수립할 때, 교육 문제인 것과 아닌 것을 혼동하지 말아야 한다. 그러기 위해서는 교육을 통한 학생의 행동 변화만으로도 이들의 필요가 충족될 수 있는지, 아니면 교육만으로는 해결할 수 없는 문제가 있는지 확인해야 한다.

학생으로부터 교육목표를 도출하는 과정을 분명히 이해하려면, 자기가 잘 알고 있는 학생들의 필요와 흥미를 종합적으로 정리해 보자. 그리고 교육목표 수립을 위한 시사점을 찾아보자. 마음에 떠오르는 교육목표를 적어보고, 이 목표를 떠올린 이유와 그 밖에 고려해야 할 요소를 생각해 보자. 이런 연습을 해 보면 학생의 자료가 어떤 가치를 가지는지, 그 자료를 해석하는 데 어떤 어려움이 있는지 알게 될 것이다.

(2) 현대 사회에 대한 연구

가. 현대 사회를 연구하는 이유

과학의 발전과 산업화에 따라 폭발적으로 증가한 지식을 학교에서 모두 다룰 수는 없다. 예전에는 과거로부터 이어져 온 문화유산 중에서 학문적 가치가 있는 것을 골라 가르치기만 하면 충분했다. 하지만 지식의 양이 엄청나게 증가함에 따라 학자들의 주장을 모두 학교에서 다룰 수는 없다. 그러므로 교육목표를 수립하려면 현대 사회에 대한 연구가 필요하다.

이에 따라 새롭게 대두된 문제는 어떤 지식, 기능, 태도가 현대 사회에 중요한가이다. Spencer는 「어떤 지식이 가장 가치가 있는가?」라는 논문에서 이 문제를 다루고 있다. 이 논문은 체계적 연구라기보다 비공식적 관찰과 해석에 가깝지만, 오늘날 사용하는 연구 방법과도 매우 유사하다.

제1차 세계대전 당시 사람들을 단기간에 숙련시킬 필요가 생기면서, 기존의 도제 훈련 시스템은 효율성을 상실하게 되었다. 대신 직무 분석이라는 개념이 개발되어 사람들을 분야별로 숙련시키는 데에 널리 활용되었다. 직무 분석은 특정 분야에 필요한 활동을 분석하고 이에 초점을 맞춘 프로그램을 개발하는 것이다. 현대 사회에 대한 연구 역시 이와 비슷한 논리에 따라 이루어진다.

교육목표를 수립할 때 현대 사회에 대한 연구가 필요한 이유는 크게 두 가지이다. 첫 번째 이유는 급변하는 현대 사회의 주요 양상에 교육목표를 집중해야 한다는 것이다. 두 번째 이유는 학습의 '전이transfer'와 관련이 있다.

예전 교육학자들은 학생이 정신 능력faculty of mind을 도야하면 이를 다른 상황에도 활용할 수 있으므로 굳이 현대 사회에 대한 분석이 필요 없다고 생각했다. 이 관점에 따르면, 학교에서 가르쳐야 할 것은 정신 도야에 필요한 몇 가지 능력이며, 이를 배운 학생들은 성장한 이후 맞닥뜨리게 될 새로운 상황에도 이를 활용할 수 있게 된다.

그러나, 학교의 학습 상황이 학생의 실제 삶이 유사할수록 학습의 전이가 잘 이루어진다는 사실이 밝혀졌다. 학생이 학습 상황과 실제 삶이 유사하다고 느끼는 경우는 다음 두 가지이다.

첫째, 학습 상황과 실제 삶이 여러 면에서 매우 유사할 때, 둘째, 학생이 학교에서 배운 것을 자기 삶에 실제로 활용하는 기회가 주어졌을 때이다. 이처럼 학교에서 배운 것을 실제 삶에 활용할 기회를 마련하려면, 학생이 실제로 살아가는 현대 사회를 분석하고 이것을 교육목표 수립의 토대로 삼아야 한다.

　현대 사회 분석을 교육목표 수립의 토대로 삼는 것을 비판하는 견해도 있다. 첫째, 현대 사회를 분석하는 것 자체가 교육목표를 정당화할 수는 없다는 것이다. 예를 들어, 어떤 사회 활동에 많은 사람이 참여한다고 해서 그 사회 활동이 곧바로 교육목표가 될 수는 없다. 학생에게 도움이 되지 않는 활동은 교육목표에서 제외되어야 한다.

　둘째, 본질주의자는 현대 사회에 대한 연구를 교육목표 수립의 토대로 삼는 것을 일종의 '현재주의presentism'라고 비판한다. 현실은 늘 변화하기 마련이기에, 오늘의 사회 현실을 가르친다고 하여 성인이 되어 부딪히게 될 문제를 해결할 수는 없기 때문이다.

　셋째, 진보주의자는 현대 사회의 문제나 성인들이 하는 일은 학생들의 관심사와 동떨어질 수 있다고 본다. 따라서 교육목표는 학생의 필요와 흥미로부터 수립되어야 한다고 주장한다.

　교육목표를 현대 사회 분석에서만 도출한다면 이러한 비판은 정당하다. 하지만 교육목표를 수립할 때 교육철학 등을 참고한다면 첫 번째 비판은 해결된다. 학생들이 배운 것을 자신의 삶에 실천하는 원리를 알도록 한다면 두 번째 비판도 해결된다. 현대 사회 분석을 통해 교육목표를 수립할 때 학생 한 명, 한 명의 흥미와 필요에 따른 목표도 고려한다면 세 번째 비판도 해결된다. 따라서 현대 사회 분석을 통해 얻은 자료를 교육목표 수립에 활용하는 것은 매우 유용한 일이다.

나. 현대 사회에 대한 연구 분야

학교 밖 사회를 연구할 때는 연구 분야를 몇 가지로 나누어야 한다. 그렇지 않으면 연구 결과에 오류가 생긴다.

연구 분야를 나누는 데에는 몇 가지 방법이 있다. 학생 연구 분야와 마찬가지로 건강, 가족, 여가, 직업, 종교, 소비, 시민사회 등으로 나눌 수 있다. 버지니아 교육과정 연구 분야는 생명 보존, 천연자원, 생산과 분배, 소비, 순환과 유통, 여가, 미적 표현, 종교적 표현, 교육, 자유의 확대, 개인과 통합, 탐험 등으로 세분되어 있다.

완전한 분류법은 없다. 분류의 목적은 삶의 여러 양상을 놓치지 않고 두루 살피는 것이다. 따라서 분류법 중 하나를 선택하여 연구를 추진해야 한다. 어떤 분류법에 따라서든 현대 사회를 연구하는 목적은 교육목표 수립에 필요한 시사점을 얻는 것이다.

학자들은 이를 위해 다양한 연구를 해 왔다. 사람의 행동을 분석하여 교육목표를 수립한 연구도 있다. 가장 심각한 문제, 예를 들어 영양실조 같은 문제를 해결하기 위한 연구도 있다.

교육이 사람의 관심이나 소망을 이루는 데 도움이 될 수 있는지를 알아본 연구도 있다. 사람들의 정보, 개념, 오개념, 미신, 사상 등을 확인하고, 이에 대한 정확한 지식을 교육으로 얻는 방법을 연구하기도 했다.

특정 분야의 사람들에게 어떤 습관과 태도의 변화가 필요하고 이를 위해 학교에서 무엇을 계발시켜야 하는지 확인하기 위해, 이들의 기술이나 습관에 대한 자료를 수집한 연구도 있다. 성인들이 품고 있는 좋은 가치와 견해를 수집해 학교에서 학생들에게 가르쳐야 할 내용을 선정한 연구도 있다.

특정 사회 집단의 관행, 문제점, 개념, 사상, 중심 가치 등을 조사해 그 집단에 필요한 교육목표를 제시한 연구도 있다. 예를 들어 인디언 자녀들을 위한 학교 교육과정을 개발하기 위해 여러 부족의 특징을 분석하여 이들에게 어떤 교육을 제공할 필요가 있는지를 연구하였다. 이와 마찬가지로, 도시 이외의 지역 공동체의 가치나 문제점 등을 조사하여 이 지역에 적합한 교육목표를 제시한 연구도 있다.

또한, 지역 공동체에 영향을 주는 요소들, 예를 들어 천연자원, 인구변화, 이주민, 사회 변동의 방향 등에 대한 연구도 이루어져 왔다. 이 연구의 목적은 지역사회의 자원을 효율적으로 사용하고, 이주민이 사회에 잘 적응하고, 급격한 사회 변동이 발생하더라도 이에 잘 대처할 수 있도록 교육하는 방안을 찾는 것이다.

다. 연구 절차 및 해석

이러한 연구는 개인이나 집단, 공동체적 삶의 조건에 대한 정보를 제시해 줄 뿐, 교육목표를 직접 제시해 주지는 못한다. 이 연구에서 제시한 정보를 바람직한 상태와 현재 상태의 격차, 즉 필요의 관점에서 해석해야 교육목표를 수립할 수 있다.

현대 사회에 대한 자료를 직접 수집하고 분석해야 그 가치를 분명히 알 수 있다. 여러 종류의 자료를 직접 수집해 보자. 각자 시민으로서 활동했던 경험을 적어보자. 그리고 시민으로서 부딪혔던 문제점들을 적어보자. 이 문제점들이 사회 구성원을 대상으로 수집한 자료라고 상상해 보자. 그렇다면 이 자료로부터 어떤 교육목표를 도출할 수 있겠는가?

지역사회의 문제에 접근하는 데에 유용한 자료가 무엇일지 생각해 보아야 한다. 지난 이삼 년 동안 제기되었던 지역사회의 여론을 살펴볼 필요도 있다. 시급한 사회 문제를 해결하는 데에 매우 필요하지만 거의 구하기 어려웠던 자료도 있을 것이다. 만약 그 자료를 얻는다면 이로부터 어떤 교육목표를 도출할 수 있을지 생각해 보아야 한다.

예를 들어, 지역사회 건강에 대한 자료를 조사해 본다고 가정해 보자. 그렇다면 질병과 사망에 대한 통계를 분석해 보아야 한다. 우리 지역의 공중 보건과 영양 실태에 대한 조사가 어떻게 이루어지고 있는지도 살펴보아야 한다. 이런 방식으로 얻은 자료를 여섯 가지 이상의 유형으로 나누어 분석하고, 이를 통해 어떤 교육목표를 선정할 수 있는지, 이 과정에서 어떤 문제점이 있을 수 있는지 확인해 보아야 한다.

현대 사회에 대한 자료를 얻는 방법은 매우 다양하고 복잡하다. 지난 25여 년 동안 현대 사회에 대한 수백 가지 연구가 교육목표 수립을 위해 이루어져왔다. 여기에는 관찰, 언론자료 분석, 사회 문제에 대한 사상가의 견해, 사회학적 조사, 다양한 직업의 직무 분석 등이 포함되어 있다.

현대 사회에 대한 분석은 여러 단계로 나누어 이루어져야 한다. 분석해야 할 자료와 이에 따른 연구 방법이 매우 많기 때문이다. 국가 차원에서 진행되어야 할 연구를 학교 차원에서 반복할 필요가 없다. 국가 차원의 정치적, 경제적, 사회적 자료는 충분히 있다. 음악이나 미술, 예술과 관련된 자료도 많다.

어떤 연구는 전체 지역을 대상으로 할 필요가 있지만, 그 지역의 모든 학교를 대상으로 할 필요는 없다. 예를 들어 질병과 보건 통계 연구는 지역 전체나 국가 차원에서 이루어져야 하지만 지역마다 중복할 필요는 없다. 이와 달리, 특정 지역 특정 학교 학생의 인종별 집단별 건강 상태에 대한 자료는 그 학교가 소속된 지역을 대상으로 조사해야 한다. 여러 기관에서도 이에 대한 자료를 수집하고 있다.

이러한 연구를 진행하는 과정과 활용 방법을 이해하려면, 우선 자기가 살고 있는 지역사회에 대한 선행연구를 살펴보자. 그리고 후속 연구계획을 세우고, 교사 개인이나 학년 차원에서 수집해야 할 자료 목록을 작성해 보자.

자료 수집 방법과 자료 해석 방법도 생각해 보자. 학생에 대한 자료 해석과 마찬가지로 지역사회 자료 해석도 쉽지 않다. 자료 해석 결과는 다양할 수 있으며, 이를 종합해야 교육목표 수립에 필요한 시사점을 얻을 수 있다. 그러려면 교육목표 수립에 필요한 자료를 충분히 모아야 한다. 그리고 자료 해석을 통해 문제를 명확하게 설정하고, 자료를 어떻게 활용해야 교육목표를 수립할 수 있을지 생각해야 한다.

현대 사회 분석을 통해 좋은 교육과정을 만든 사례를 보자. Rugg가 만든 유명한 사회 교재는 사회학 최고 전문가들이 여러 사회 쟁점에 대해 수행한 연구를 토대로 개발되었다. 학교에서 가장 많이 사용하고 있는 언어 교재는 사람들이 말을 하거나 글을 쓸 때 흔히 범하는 오류를 분석하여 제작한 것이다.

유명한 수학 교재 역시 사람들이 일상생활에서 접하는 수학적 어려움을 수집 분석하여 제작되었다. Wilson은 이러한 연구를 인디애나주 코너즈빌에서 수행했다. 그는 학생들에게 부모님이 일상생활에서 어떤 수학적 어려움을 접하는지 조사해 오도록 했다. 그리고 학생들이 수집해 온 자료를 통해 성인들이 공통적으로 접하는 수학적 어려움이 무엇인지, 그리고 이를 어떤 방식으로 해결하는지를 분석하였다. 이것이 곧 수학 교육과정 개발의 토대가 되었다.

지역사회의 필요, 물적 자원의 활용, 인적 자원의 개발 등에 대한 조사와 분석을 통해 교육과정을 개발하는 학교가 늘어 가고 있다. 이처럼 현대 사회에 대한 연구를 토대로 교육목표를 수립하는 사례가 더욱 확산되고 있다.

(3) 교과 전문가의 제안

가. 전통적인 교과 교육목표

이는 중등학교와 대학에서 전형적으로 사용하는 교육목표 수립 방식이다. 대학 교재는 대부분 교과 전문가가 집필하고 그들의 견해가 반영되어 있다. 교과 전문가들이 만든 교육과정 역시 교육목표에 대한 그들의 견해가 반영되어 있다. 20세기 초에 작성된 10인 위원회 보고서[2]는 미국의 중등교육에 지대한 영향을 미쳤다. 교과 전문가들이 작성한 이 보고서에는 중등학교가 추구해야 할 교육목표가 제시되어 있다.

교과 전공자의 견해는 너무 전문적이어서 이를 교육목표의 토대로 삼는 것이 적합하지 않다는 비판도 많다. 교과 전문가들이 제시한 교육목표가 적합하지 않다고 보는 이유는 그들이 올바른 질문을 제시하지 않았기 때문이다.

10인 위원회는 다음과 같은 질문에 대답하는 것이 자신들의 역할이라고 생각했다. 초등학생이 성인이 되어 각 분야의 전문가가 되려면 학교에서 무엇을 가르쳐야 하는가?

---

2. 역자 주: '10인 위원회(the Committee of Ten)'는 1892년에 미국교육협회 (National Education Association: NEA)가 결성한 기구이다. 위원회 운영의 목적은 중등 교육과정 핵심 교과목을 위한 기준을 마련하는 것이다. 위원회는 주로 정신도야론에 충실한 교과 전문가들로 구성되었다. 이들은 라틴어, 그리스어, 영어, 현대 외국어, 수학, 물리·천문·화학, 자연사, 역사·시민·정치경제, 지리 등 9개 교과목의 교육과정 기준을 제시하였다.

실제로 역사 교육과정 보고서에는 역사교육의 목표를 아이들이 장차 역사학자가 될 수 있도록 준비시키는 것이라고 하고 있다. 이와 마찬가지로 수학 교육과정 보고서에는 수학교육의 목표를 아이들이 장차 수학자가 될 준비를 시키는 것이라고 하고 있다. 이처럼 각 분과 위원회는 학생이 학문의 기초를 이수하고 이를 진전시켜 대학 전공 과정에 이르도록 교육과정을 설계하는 것이 자신의 임무라고 생각했다.

나. 질문의 전환

하지만 이것이 교과 전공자들이 대답해야 할 질문은 아니다. 그들이 대답해야 할 질문은 다음과 같은 것이다. 각 교과 교육은 장차 그 분야의 전문가가 되지 않을 학생에게도 어떤 도움을 줄 수 있는가? 각 교과 교육은 더불어 사는 시민을 기르는 데에 어떤 도움을 줄 수 있는가?

만약 교과 전문가들이 이러한 질문에 대답할 수 있었다면 교육과정 개발에 상당한 도움을 주었을 것이다. 그들은 자신의 전문 분야에 상당한 지식을 갖고 있으며, 그 교과가 자신과 동료들에게 어떤 도움이 되었는지를 충분히 경험해 보았다. 그들은 자신의 전문 분야를 익히는 방법, 배워야 할 내용 등을 사람들에게 잘 알릴 수 있었을 것이다.

최근에 나온 교육과정 연구보고서에는 이러한 질문에 대한 교과 전문가의 좋은 답변이 담겨 있다. 진보주의교육연합회PEA의 중등 교육과정위원회에서 발행한 보고서의 제목은 '일반 교육을 위한 과학', '일반 교육을 위한 수학', '일반 교육을 위한 사회' 등이다. 이는 "장래에 전공자가 되지 않을 학생에게도 교과 교육은 어떤 도움을 줄 수 있는가?"라는 질문에 중요한 시사점을 주고 있다.

다른 위원회에서도 비슷한 취지의 보고서를 발간하고 있다. 전국수학교사협회, 전국영어교사협회, 전국사회교사협회 등에서 나온 보고서가 그러하다. 이 보고서는 10인 위원회의 보고서와는 달리, 소외된 학생에게도 각각의 교과가 어떤 도움을 줄 수 있을지를 명확하게 제시하고 있다. 대체로 최근에 나온 연구보고서일수록 교육목표 수립에 대해 더 유용한 제안을 제시하고 있다.

다. 새로운 교과 교육목표

교과 전문가의 보고서에는 교육목표가 구체적으로 진술되어 있지 않다. 교과의 주요 개념을 설명하고 일반적인 교육목표에 유용한 시사점을 제시할 따름이다. 교육과정 연구자는 이를 통해 교육목표를 추론해야 한다. 교육목표에 관해서는 대체로 두 가지 종류의 시사점을 얻을 수 있다. 첫 번째는 특정 교과의 고유한 기능이고, 두 번째는 모든 교과의 일반적인 기능이다.

이 두 가지 종류의 시사점에 대해 살펴보자. 최근에 나온 언어 교육과정 보고서에는 언어교육의 기능을 다음과 같이 제시하고 있다. 첫 번째 기능은 의미와 형태의 전달 등 효과적인 의사소통 기술을 개발하는 것이다. 두 번째 기능은 자기의 생각을 정리하여 효과적으로 표현하는 것이다. 세 번째 기능은 사고를 명확하게 하는 것이다. 작가 Palmer가 자기는 혼란에 빠질 때마다 머리를 정리하기 위해 글을 쓴다고 했듯이, 어떤 아이디어를 언어로 표현할 수 있을 정도로 명확히 이해했는지 확인하는 것이다.

언어 교육과정 보고서에서는 문학의 기능을 여러 가지로 제시하고 있다. 문학의 가치는 개인에 대한 탐구이다. 문학은 자신의 삶을 직접 경험할 수 있는 범위 너머까지 탐구하도록 하고, 현실 세계에서는 불가능한 것도 상상해 볼 기회를 준다. 문학은 공간적, 시간적, 사회적, 직업적 한계를 넘어 경험의 폭을 확대하는 기능을 한다. 문학은 간접 경험을 통해 독자의 시야를 광범위하게 넓혀 준다.

문학의 또 다른 기능은 독자가 만족감과 의미를 느끼며 독서의 흥미와 습관을 기르는 것이다. 언어 교육과정 보고서는 문학 작품을 해석하는 능력을 기르는 것, 작품의 논리적 전개와 사상을 분석하는 것, 인간의 내적 동기를 이해하는 것, 나아가 비평 능력을 기르는 것이 교육목표가 되어야 한다고 강조한다. 또한, 작품에 대해 정서적으로 반응할 기회, 문학적 형식과 내용을 비평할 기회, 문학적 취향 수준을 높일 기회를 주는 것이 중요하다고 강조한다.

언어와 문학의 중요한 기능을 이해하는 것은 교육목표 수립에 큰 도움이 된다. 이는 언어와 문학이 학생 발달에 어떤 도움이 될 수 있을지를 알려준다. 이는 지식, 기능, 태도만이 아니라 사고의 방법, 비판적 해석, 정서적 반응과 흥미 등을 포괄한다.

과학 교육과정 보고서에서도 과학 교과가 일반 교육에 기여할 수 있는 중요한 기능이 무엇인지 제시되어 있다. 여기에는 더불어 사는 시민을 기르는 데에 과학이 기여할 수 있는 것을 세 가지로 정리하고 있다. 첫 번째 기능은 건강에 대한 지식, 태도, 실천 방안을 통해 질병 확산을 예방하는 것이다. 두 번째 기능은 자원과 에너지를 효율적으로 이용하거나 보존하는 방법을 알려주는 것이다. 세 번째 기능은 우리가 사는 세상, 우리가 속한 우주를 마치 그림을 보듯 생생하게 알려주는 것이다. 이를 통해 과학적인 지식, 태도, 문제해결 능력, 흥미 등과 관련된 여러 교육목표를 수립할 수 있다.

예술 교육과정 보고서에서도 예술 교과가 일반 교육에 기여할 수 있는 기능이 무엇인지 나와 있다. 여기에는 다섯 가지 기능이 제시되어 있다.

첫 번째 기능은 학생의 인식 범위를 넓히는 것이다. 예술을 통해 사물을 예술적 시각에서 바라보고 새로운 인식의 방법을 얻을 수 있다. 예술 감상과 창작 모두가 인식을 확장하는 데에 도움이 된다.

두 번째 기능은 비언어적 수단으로 인간의 생각과 감정을 표현하는 것이다. 때로는 언어보다도 예술을 통해 자신을 더욱 효과적으로 표현하고 소통할 수 있다. 이것이 예술의 중요한 교육적 기능이다.

세 번째 기능은 자아의 통합이다. 이는 예술을 통해 내적 갈 등을 완화하는 것을 의미한다. 작업실에서 물건을 만들고, 춤을 추거나 악기를 연주함으로써 내적 긴장을 완화하고 자기를 온전히 표출하여 자아를 통합할 수 있다.

네 번째 기능은 흥미와 가치를 계발하는 것이다. 예술의 가치는 흥미를 일깨우는 것, 나아가 삶의 궁극적인 의미를 표현하는 것이다. 예술교육을 통해 학생이 자신의 관심을 만족시키고 예술적 가치를 이해하도록 할 수 있다.

다섯 번째 기능은 학생이 흥미를 갖는 분야의 기능을 익혀 예술적 역량을 계발하는 것이다. 이러한 예를 통해 교육목표에 대한 여러 가지 시사점을 얻을 수 있다.

교과 전문가의 제안으로부터 얻을 수 있는 또 하나의 시사점은 개별 교과 자체의 기능은 아니지만, 교과가 일반적으로 지닌 교육적 기능이다. 과학 교육과정 보고서 내용이 대표적인 예이다. 여기에는 과학이 건강, 자신감, 세계상, 개인적 관심, 미적 만족감 등에 미치는 영향이 서술되어 있다. 또한, 과학이 가족 관계, 원만한 사회적 관계, 성숙한 이성 관계, 직업 준비, 재화의 구매, 경제적 문제해결 등에 주는 도움도 서술되어 있다.

『일반 교육과 과학』이라는 책에서는 과학을 통해 어떻게 성찰적 사고, 창의적 사고, 미적 감수성, 사회적 감수성, 자기 조절 등의 능력을 기를 수 있는지 서술되어 있다. 과학이 이러한 능력을 기르는 데에 얼마나 도움이 되는지 의문이 있을 수 있다. 그러나 과학 전문가의 견해가 교육목표를 수립하는 데에 도움이 되는 것은 분명하다. 이와 마찬가지로 다른 교과의 전문가들도 각각의 교과가 일반적인 교육목표 달성에 어떤 도움을 줄 수 있는지 조언해 줄 수 있다.

(4) 교육철학의 활용

가. 교육철학이 필요한 이유

학생에 대한 연구, 현대 사회에 대한 연구, 교과 전문가의 제안을 통해 도출한 교육목표는 하나의 교육과정 안에 결합해야 한다. 어떤 교육목표는 다른 교육목표와 상충할 수도 있기에, 공통된 교육목표를 몇 가지 선별해야 한다. 교육을 통해 인간 행동을 변화시키는 데에는 많은 시간이 걸린다. 여러 교육목표를 동시에 추구하는 것은 비효율적이다. 따라서 주어진 시간 안에 달성할 수 있는 중요한 교육목표를 선택해야 한다. 이 교육목표가 일관성을 가져야 혼란이 생기지 않는다.

중요한 교육목표를 수립하려면 중요하지 않은 것, 서로 모순되는 것을 걸러내는 체screen가 있어야 한다. 교육목표 수립에 필요한 첫 번째 체는 교육철학이다. 교육목표는 학교의 교육철학과 가치에 의해 확인되어야 한다.

교육철학을 통해 교육목표를 걸러내는 방법을 살펴보자. 교육철학을 통해 중요한 문제에 대한 답을 찾을 수 있다. 철학의 핵심은 좋은 삶과 좋은 사회가 무엇인지 확인하는 것이다. 교육철학 역시 좋은 삶에 필요한 가치를 알려준다. 민주 사회의 교육철학은 민주적 가치를 강조한다. 좋은 삶에 필요한 민주적 가치로 다음 네 가지를 들 수 있다.

첫째 인종, 국적, 사회경제적 지위와 상관없이 모든 인간의 존엄성은 존중되어야 한다. 둘째 사람들이 사회의 모든 분야에 실질적으로 참여할 기회가 확장되어야 한다. 셋째 획일성보다 다양성이 존중되어야 한다. 넷째 중요한 문제를 다룰 때 권위보다 지성을 신뢰해야 한다.

이러한 기본적 가치를 인정한다면 이를 교육목표로 삼고, 이를 학생의 행동, 가치, 이상, 태도, 실천의 방향으로 제시해야 한다. 이 가치와 어울리는 교육목표를 수립해야 하고, 이에 어울리지 않는 것은 배제해야 한다.

나. 교육철학이 답해야 할 질문

교육철학은 사람들이 보통 중시하는 물질적 가치와 성공에 대한 입장도 제시해야 한다. 학교는 물질만능주의나 사회적 성공을 바람직한 교육적 가치로 인정하지 않는다. 이러한 견해가 교육목표 수립에도 직접 반영되어야 한다. 교육목표는 물질적 보상이나 사회적 성공보다 더 중요한 가치를 지향해야 한다.

교육철학은 "교육받은 사람이라면 사회를 있는 그대로 인정하고 적응해야 하는가, 아니면 사회를 개혁해야 하는가?"라는 질문도 다뤄야 한다. 이 질문을 다르게 표현하자면 "학교는 젊은이들이 현재 사회에 적응하도록 해야 하는가, 아니면 더 나은 사회를 향한 혁명적 사명을 갖게 해야 하는가?"이다.

대부분 이 두 가지를 모두 추구해야 한다고 답할 것이다. 이상적인 사회를 금방 실현할 수는 없으므로, 학교는 젊은이들이 사회에 적응하며 지내도록 도와야 하고, 이와 동시에 사회를 개선해 가도록 도와야 한다고 답변할 것이다.

이러한 답변이 교육목표에 반영되어야 한다. 만약 사회 적응을 돕는 것이 학교의 중요한 임무라고 생각한다면 권위에 대한 복종, 관습과 전통에 대한 숭상, 현대 생활에 필요한 기술 등을 강조할 것이다. 반대로 학교의 사회 변혁적 기능을 중시한다면 비판적 분석, 문제해결 능력, 독자적 결정과 자율성, 자유 등을 강조할 것이다. 다시 강조하지만, 이러한 교육철학이 교육목표 수립에 영향을 주게 된다.

교육철학이 답해야 할 또 다른 질문은 다음과 같다. "사회 계층의 차이에 따라 서로 다른 교육을 제공해야 하는가?" 만약 이를 인정한다면, 학교 졸업 후 취업을 해야 하는 학생에게는 상급학교에 진학하려는 학생과 다른 교육목표를 제시하는 것이 정당화될 수 있다. 이와 반대로 모두를 위한 공통의 교육이 민주적 교육이라고 믿는다면, 계층별로 차별화된 목표보다는 공동의 목표를 정하고, 여기에 다양한 계층의 학생들이 도달할 방법을 찾을 것이다. 이와 관련된 질문이 "공교육의 목표는 일반적인 시민교육인가, 특정한 직업 교육인가"이다. 이 문제에 대한 답변도 교육목표 수립에 중요한 영향을 미친다.

교육철학이 다루어야 하는 문제와 이것이 교육목표 수립에 미치는 영향에 대한 예를 생각해 보자. 전쟁 직후 여러 학교가 민주주의를 공식적인 교육철학으로 삼았다. 이 학교에서는 개인과 사회의 행복을 이상적인 민주 사회의 개념에 따라 정리하였다. 이에 "민주주의란 오로지 정치적 개념을 의미하는가, 아니면 가정, 학교, 사회에서의 삶의 방식도 의미하는가?"라는 질문이 제기되었다. 만약 민주주의를 일반적인 삶의 방식으로 본다면, 교육목표는 정치적 영역뿐만 아니라 삶의 모든 영역에서 민주적 가치와 태도, 지식과 기능, 능력을 기르는 것이 되어야 한다.

교육목표를 교육철학을 통해 걸러내려면, 우선 교육목표의 핵심을 명확하게 진술해야 한다. 교육목표를 명시적이고 세부적으로 진술해야 여러 가지 목표 가운데 무엇이 교육철학과 일치하고 무엇이 그렇지 않은지를 확인할 수 있다. 그래야 교육철학과 어울리는 것을 중요한 교육목표로 삼게 될 것이다.

(5) 학습심리학의 활용

가. 학습심리학이 필요한 이유

교육철학이 교육목표 수립의 첫 번째 체screen라면, 두 번째 체는 학습심리학이다. 교육목표는 학습을 통해 달성된다. 따라서 학습의 내적 조건과 어울리지 않는 교육목표는 쓸모없게 된다.

학습심리학은 인간 심리의 변화로 어떤 결과가 나타날 수 있을지 알려준다. 예를 들어, 학습을 통해 건강에 대한 지식과 습관이 늘어날 수 있지만, 키를 크게 할 수는 없다. 또한, 학습을 통해 심리적 반응을 바람직한 방향으로 조절할 수는 있지만, 심리적 반응 자체를 없앨 수는 없다. 따라서 학생들이 학교에서 온종일 조용히 지내기를 강요하는 것은 사실상 이룰 수 없는 목표를 바라는 것이다.

학습심리학을 통해 시간이 걸리더라도 달성 가능한 목표와 그렇지 않은 목표를 분별할 수 있다. 예를 들어 유치원이나 초등학교 학생의 인성은 교육을 통해 조금이라도 바꿀 수 있지만, 청소년의 인성을 바꾸는 것은 거의 불가능하다. 청소년기는 인성이 어느 정도 확립한 시기이기 때문에 교육을 통해서 이를 바꾸기는 어렵다.

나. 학습심리학의 활용 사례

교육목표를 학년 발달단계에 맞게 배치하려면 학습심리학을 알아야 한다. 학습심리학을 통해 목표 도달에 어느 정도 시간이 걸리는지, 그 목표가 가장 효율적으로 달성될 수 있는 학년이 언제인지도 알 수 있다.

교육목표를 이런 방식으로 배열함으로써 학년별 교육목표를 수립할 수 있다. 하지만 무엇을 언제 배우는 것이 좋은지 명확히 밝혀진 것은 없다. 따라서 학습심리학의 도움을 받아 교육목표의 순서를 배열해야 한다.

예를 들어, 언어교육에서 다루어야 할 어휘는 아동의 발달단계에 따라 배치해야 한다. 어휘를 본격적으로 배우기 전에는 충분한 경험을 쌓아야 한다. 읽기 능력이 충분히 발달하기 전부터 분석적 독해법을 가르치는 것은 전혀 도움이 되지 않는다. 이처럼 학생의 발달단계를 이해하는 것은 교육목표를 단계적으로 수립하는 데에 큰 도움이 된다.

학습심리학 연구를 통해 효과적인 학습법도 알 수 있다. 대표적으로 기억과 망각에 관한 연구가 있다. 수업 시간에 배운 지식은 곧 잊어버리기 마련이다. 학생이 한 학기 동안 배운 기억 중 50%는 1년 안에 망각되고, 80%는 2년 이내에 망각된다. 학습심리학 연구는 이 망각을 어떻게 하면 최소화할 수 있을지 알려준다. 그중 한 가지 방법은 학생이 배운 지식을 일상생활에 활용하는 것이다.

이렇게 하면 기억이 오래 남고 한 학기 동안 습득할 수 있는 지식의 양도 증가한다. 예를 들어, 과학 시간에 배운 내용을 건강이나 위생에 활용하면, 그렇지 않을 경우보다 15~50%를 더 기억하게 된다. 이처럼 학생이 일상생활에 활용하는 지식은 오랫동안 자기 것이 되어 지식 교육의 목표를 달성할 수 있다.

학습심리학이 활용될 수 있는 또 다른 예는 아동의 행동을 변화시키는 데에 걸리는 시간 연구이다. 예를 들어 아동의 기본 태도를 변화시키려면 몇 달 정도의 수업으로는 부족하고 여러 해 동안의 지속적인 노력이 필요하다. 이처럼 사고와 학습 방법, 습관이나 흥미 등의 행동을 변화시키는 데에 시간이 얼마나 걸리는지 연구가 진행되었다. 이러한 연구 결과는 구체적 교육목표 달성에 필요한 시간을 알아보는 데에 도움이 될 것이다.

학습을 하고 나면 하나의 성과가 아니라 여러 가지 성과가 함께 나타난다는 학습심리학 연구 결과도 교육과정 설계에 도움이 된다. 예를 들어, 학생이 수학 문제를 접하면 그 문제가 다루는 소재에 대한 지식도 얻게 된다. 최근 발표된 연구에 의하면 사람들은 대체로 투자 대비 6% 정도 이익을 얻는 것을 적당한 이득으로 생각하고 있다. 그들이 계산했던 수학 문제가 대부분 6%의 이익을 전제로 했기 때문이다. 학생은 수학 문제를 통해 그 문제가 다루고 있는 지식도 얻게 되고, 그 문제에 흥미를 느끼면 수학에 대한 긍정적인 태도도 형성하게 된다.

실제로 대부분의 교육적 경험은 두 가지 이상의 교육적 성과를 낳게 된다. 이는 교육과정 설계에 중요한 시사점을 준다. 하나의 학습경험을 통해 여러 성과를 얻게 된다면 학습 효과는 그만큼 높아지는 것이기 때문이다. 따라서 교육과정을 설계할 때는 하나의 학습경험을 통해 여러 성과를 얻을 수 있도록 교육목표를 수립해야 한다.

학습 내용은 서로 일치하고 통합되고 일관성이 있어야 한다. 이와 반대로 학습 내용이 서로 분리되고 일치하지 않으면 시간도 오래 걸리고 학습에 방해가 된다. 이는 교육철학에 대해 논의할 때에도 지적했던 것으로, 교육목표는 서로 상충되지 않아야 하고, 교육목표가 학생의 마음과 행동 속에 통합이 되어야 학습의 심리적 효과를 극대화할 수 있다.

학습심리학은 학습이 이루어지는 과정, 학습이 발생하는 조건, 학습이 이루어지는 구조 등에 대한 체계적인 이론을 제시한다. 교사나 교육과정 설계자는 학습 이론에 기반하여 작업해야 하고, 학습 이론은 교육과정에 대한 시사점을 구체적으로 제시할 수 있어야 한다. 학습 이론은 교육목표에 대해서도 중요한 시사점을 제공한다.

30년 전에 Thorndike는 학습이란 특정 자극과 반응을 연결해 가는 것이라는 이론을 체계화하였다. 이에 의하면 학습은 구체적인 습관을 형성하는 작업이다. 이 이론에 따른다면 교육목표를 매우 구체적으로 제시할 수 있다.

실제로 Thorndike는 수학의 심리에 대한 책을 펴냈고, 여기에서 수백 개의 교육목표를 제시하였다. 그는 초등학교 수학교육의 목표를 3,000개 이상 진술하였다. 예를 들어, 수학교육의 목표는 6+3 혹은 3+6과 같은 자극을 통해 특별한 반응을 학생들로부터 이끄는 것이다. 이 이론에 의하면 교육목표는 여러 가지 구체적인 반응을 표현할 수 있도록 진술되어야 한다.

Judd와 Freeman는 일반화 학습 이론을 주장하였다. 이에 따르면 학습이란 어떤 문제를 해결하는 일반화된 방식, 어떤 상황에 대처하는 일반화된 반응 양식이나 태도를 형성하는 것이다. 따라서 이러한 일반화 학습 이론을 이해한다면, 교육목표를 일반화된 관점에서 제시할 수 있고, 학생들에게도 구체적인 현상을 접할 때 교육목표로 제시된 일반화된 원리를 적용하라고 가르칠 수 있다. 이처럼 학습 이론은 구체적인 교육목표를 수립하거나 교육목표 진술 방법을 결정하는 데에 중요한 역할을 하게 된다.

우리가 시카고 대학교의 학습자료를 수집하여 연구해 보니, 일반화 이론이 자극-반응 학습 이론보다 더 타당하다는 결론을 도출했다. 따라서 교육목표를 세부적인 태도의 형성보다는 일반화된 반응의 형성이라는 관점으로 보고자 한다. 교육과정 개발자는 이처럼 교육목표 수립에 근거가 될 만한 학습 이론을 확고히 가져야 한다.

교육목표를 수립할 때는 학습심리학의 주요 요소들이 어떤 시사점을 주는지 확인해야 한다. 이것이 교육목표를 걸러내는 체가 될 수 있다. 여기에 어긋난 목표는 제외해야 한다. 너무 일반적이거나 너무 구체적인 목표, 혹은 학습심리학적 관점에서 볼 때 해당 학년에 적합하지 않은 목표는 걸러내야 한다.

(6) 교육목표 진술 방식

교육과정 개발자들은 위와 같은 절차에 따라 교육목표 목록을 제시해야 한다. 여기에 제시된 교육목표는 다양한 토대를 통해 수립되었으므로, 이를 진술하는 방식도 다양해야 한다. 교육목표 진술은 학습경험 선정과 수업 설계에 도움이 되는 방식으로 이루어져야 한다.

가. 바람직하지 않은 진술 방식

교육목표를 '진화론에 대한 설명', '귀납에 대한 증명', '낭만주의 시인에 대한 설명', '4부 화성에 대한 소개' 등과 같은 방식으로 진술하는 경우가 많다. 이는 교사가 수업에서 무엇을 해야 하는지를 알려주는 방식이다. 하지만 이런 방식으로 교육목표를 진술해서는 안 된다. 교육의 목적은 교사를 변화시키는 것이 아니라 학생을 변화시키는 것이기 때문이다. 그러므로 교육목표는 학생의 행동에 어떤 변화가 이루어져야 하는지를 중심으로 기술되어야 한다. 교육목표를 그런 방식으로 진술해야, 학생에게 바람직한 행동의 변화가 일어나려면 교사가 무엇을 해야 하는지도 확인하게 된다.

반대로 교육목표를 교사의 행위 중심으로 진술하게 되면, 그러한 교사의 행위를 통해 학생의 변화가 이루어지는지를 확인하기 어렵게 된다. 이는 교육의 진정한 목적이 아니므로 이러한 방식으로 교육목표를 진술해서는 안 된다. 교육목표를 교사의 행위 중심으로 진술하면, 학습경험 선정이나 교수학습 방법 선택 등 교육과정의 다음 단계를 설계하는 데에 도움을 줄 수 없다.

교육목표를 수업 시간에 다룰 화제topic[3], 개념concept, 일반화된 지식generalization이나 그 밖의 내용 요소를 제시하는 방식으로 진술하기도 한다. 미국의 역사 교육과정을 예로 들자면, 교육목표로 '식민지 시대', '연방 정부 수립', '서부 개척', '남북 전쟁과 전후 복구', '산업화' 등과 같은 제목을 제시하는 방식이다. 또는, 과학 교육의 목표로 "물질은 창조되지도 소멸하지도 않는다.", "녹색식물은 태양 에너지를 글루코스라는 화학 에너지로 변화시킨다."와 같은 일반화된 지식을 나열하는 방식이다.

이처럼 교육목표를 화제나 일반화된 지식, 그 밖의 교과 내용을 중심으로 제시하는 것은 바람직하지 않다. 왜냐하면, 이러한 방식의 교육목표 진술은 이를 통해 학생들에게 무엇을 기대하는지를 명확히 제시하지 못하기 때문이다.

예를 들어, 일반화된 지식을 교육목표로 제시한다면, 학생이 그 지식을 외우는 것이 교육목표인지, 그 지식을 일상생활에 활용하는 것이 교육목표인지, 그 지식을 과학적 탐구에 도움이 되는 이론으로 수용하는 것이 교육목표인지 명확하지 않다. 아니면 그 지식을 배워야 하는 또 다른 이유가 있는 것인지, 그렇게 하면 학생의 바람직한 변화가 이루어지는지도 명확히 알 수 없다.

역사 교과에서 식민지 시대를 다룬다면 학생들이 이를 통해

---

3. 역자 주: 'topic'은 일반적으로 '화제(話題)'로 번역되지만, 국어교육에서 말하는 '화제', 즉 '대화의 주제'와 혼동이 있을 수 있다. 교육과정 분야에서 말하는 'topic'은 교과서 '단원 제목' 혹은 '단원 주제'에 가까운 개념이다. 하지만 'topic'을 '단원 제목'으로 번역하면 'title'과 혼동이 있을 수 있고, '단원 주제'로 번역하면 'theme'과 혼동이 있을 수 있어, 여기에서는 가장 흔히 쓰이는 번역어인 '화제'를 사용하였다.

무엇을 얻어야 하는가? 식민지 시대에 일어난 역사적 사실을 아는 것인가, 아니면 다른 시대에도 적용할 수 있는 역사적 흐름을 이해하는 것인가? 화제나 일반화된 지식을 교육목표로 제시해서는 이러한 물음에 대한 대답을 얻을 수 없다. 교육목표는 학생에게 어떤 변화가 일어나야 하는지, 이러한 변화가 일어나려면 어떤 방식으로 수업이 설계되어야 하는지 알려주는 방식으로 진술되어야 한다. 따라서 단원의 제목이나 일반화된 지식을 중심으로 교육목표를 진술하는 것은 교육과정 개발에 도움이 되지 않는다.

교육목표를 행동 패턴을 일반화하는 방식으로 진술하기도 한다. 하지만 이는 그 행동이 일어나는 영역, 그 행동이 적용되어야 할 내용이 무엇인지 명확히 밝히지 못하는 한계가 있다. 예를 들어, '비판적 사고력 신장', '감상 능력 함양', '사회적 태도 발달', '관심 대상 확대'와 같은 방식으로 교육목표를 진술하는 것이다. 이러한 방식의 교육목표 진술은 교육을 통해 학생들에게 어떤 행동의 변화가 이루어질 수 있는지 막연하게나마 시사하고 있다.

그러나 학습의 전이transfer of learning 이론에 따르면, 교육목표를 막연하게 제시하면 구체적인 성과를 거두기 어렵다. 이러한 성과를 얻기 위해서는 그 행동이 적용되어야 할 구체적인 교과 내용이 무엇인지, 그리고 실생활의 어떤 영역에 활용해야 하는지 구체적으로 명시해야 한다.

단순히 '비판적 사고력'이라는 문구만으로 교육목표를 제시하는 것이 아니라, 비판적 사고력을 활용해야 할 교육 내용이나 해결해야 할 문제를 제시해야 한다. '관심 대상의 확대'라고만 할 것이 아니라, 관심을 유발할 만한 분야를 제시해야 한다. '사회적 태도 발달'이라고만 할 것이 아니라, 어떤 태도를 발달시켜야 하는지를 제시해야 한다. 일반적인 행동 유형으로만 교육목표를 제시하면 이를 교육과정과 수업 설계에 활용하기 어렵다.

나. 바람직한 진술 방식

가장 효과적인 교육목표 진술 방식은 학생이 길러야 할 행동 요소와 그 행동이 이루어져야 할 내용 요소를 결합시켜 제시하는 것이다. 행동 요소와 내용 요소를 모두 포함시켜야 교육목표를 명확히 드러내고 수업을 설계하는 데 도움이 된다.

"사회탐구 보고서를 명확하고 논리적으로 작성한다."라는 교육목표에는 '보고서를 작성한다.'라는 행동 요소와 '사회탐구'라는 내용 요소를 제시하고 있다. 이와 마찬가지로, "영양 문제에 대해 신뢰할 만한 정보에 익숙해진다."라는 교육목표에는 '정보에 익숙해진다.'라는 행동 요소와 '영양 문제'라는 내용 요소가 모두 포함되어 있다. 또 다른 예로 "현대 소설을 감상하는 능력을 기른다."가 있다. '감상하는 능력을 기른다.'라는 말에는 조금 불명확하기는 하지만 어떤 행동을 해야 하는지 제시되어 있고, '현대 소설'이라는 말에는 무엇을 감상해야 하는지 제시되어 있다.

따라서 다음과 같은 결론을 내릴 수 있다. 학습경험 선정이나 수업 설계에 도움이 되도록 교육목표를 진술하려면 학생이 길러야 할 행동 요소와 그 행동이 적용되어야 하는 내용 요소를 모두 포함해야 한다.

행동 요소와 내용 요소 두 가지 차원을 모두 간결하고 명확하게 진술하려면, 교육목표 이원분류표two-dimensional chart를 활용하는 것이 유용하다.

고등학교 생물 교과 교육목표 이원분류표 예시

		행동 요소						
		1. 주요 사실과 원리 이해하기	2. 신뢰할 만한 정보 출처에 익숙해지기	3. 자료를 해석하는 능력	4. 원리를 적용하는 능력	5. 탐구하고 그 결과를 보고 하는 능력	6. 폭넓고 성숙한 흥미	7. 사회적 태도
내용 요소	A. 인체의 기능							
	1. 영양	○	○	○	○	○	○	○
	2. 소화	○		○	○	○	○	
	3. 순환	○		○	○	○	○	
	4. 호흡	○		○	○	○	○	
	5. 출산	○	○	○	○	○	○	○
	B. 동식물 자원 이용							
	1. 에너지 관련성	○		○	○	○	○	○
	2. 성장에 영향을 주는 환경 요인	○	○	○	○	○	○	○
	3. 유전 요인	○	○	○		○	○	○
	4. 토지 활용	○		○	○	○	○	○
	C. 진화와 발달	○	○	○		○	○	○

다. 교육목표 이원분류표 활용 사례

여기에 제시된 사례는 고등학교 생물 교과의 교육목표 이원분류표이다. 물론 이것이 가장 완벽한 교육목표 진술 방식은 아닐 것이다. 이 표의 목적은 추구하는 교육목표를 압축적으로 보여주고, 각각의 교육목표를 행동 요소와 내용 요소로 나누어 명확하게 제시하는 것이다.

여기에는 일곱 가지 행동 요소가 제시되어 있다. 첫 번째는 주요 사실과 원리를 이해하는 것이고, 두 번째는 신뢰할 만한 정보 출처에 익숙해지는 것이다. 이는 생물 교과의 다양한 문제를 해결하려면 어디에서 어떤 정보를 찾아야 하는지를 익히는 것이다. 세 번째는 자료를 해석하는 능력을 기르는 것이다. 이는 과학적 자료로부터 타당한 원리를 도출하는 것이다. 네 번째는 생물학의 원리를 일상생활의 구체적인 문제해결에 적용하여 문제해결 능력을 기르는 것이다. 다섯 번째는 탐구를 진행하고 그 결과를 보고하는 능력을 기르는 것이다. 여섯 번째는 생물학에 대해 폭넓고 성숙한 흥미를 기르는 것이고, 일곱 번째는 이 분야를 탐구할 때 필요한 사회적 태도를 기르는 것이다.

이처럼 다양한 행동 요소를 진술해야 하는 이유는 단편적인 지식을 아는 것 이상이 교육목표가 되어야 하기 때문이다. 신뢰할 만한 정보 출처에 익숙해지기, 자료를 해석하는 능력 기르기, 원리를 적용하는 능력 기르기, 탐구 결과를 보고하는 능력 기르기, 폭넓고 성숙한 흥미 갖기, 사회적 태도를 기르기 등 행동 요소를 분명히 밝혀야, 이를 위해 어떤 학습경험을 제공해야 하는지도 분명해진다. 이렇게 행동 요소의 제목을 정하는 것만으로도 교육과정 설계에 필요한 실마리를 찾을 수 있다.

교육목표를 진술할 때는 행동 요소뿐만 아니라 이와 관련된 내용 요소도 제시해야 한다. 즉, 생물 교과가 '인체의 영양, 소화, 순환, 호흡, 출산' 등의 내용 요소와 관련된 행동을 계발하는 것을 목적으로 한다는 점이 제시되어야 한다. 또한, 생물 교과에서는 '에너지 관련성, 동식물의 성장에 영향을 주는 환경 요인, 유전 요인, 토지의 활용' 등 동식물 자원과 관련된 내용 요소도 다루어야 한다. 그리고 '진화와 발달'과 관련된 내용 요소도 제시해야 한다. 이렇게 교육목표의 내용 요소를 진술해야 생물 교과에서 해야 할 과제를 명확하게 밝힐 수 있다.

이원분류표는 교육목표의 행동 요소와 내용 요소의 관계도 알려준다. 행동 요소와 내용 요소의 교차점에 ○표가 있다. 이는 각각의 행동 요소가 어떤 내용 요소에 적용되어야 하는지를 알려준다. 예를 들어, '주요 사실과 원리 이해하기'라는 첫 번째 행동 요소는 모든 내용 요소와 연계하게 되어 있다. 이와 달리, 두 번째 행동 요소인 '신뢰할 만한 자료 출처에 익숙해지기'는 '영양, 출산, 환경 요인, 유전 요인, 토지 활용, 진화와 발달' 등 여섯 가지 내용 요소와 연계된다고 제시되어 있다. 이는 교육과정 개발자가 '신뢰할 만한 자료 출처에 익숙해지기'라는 행동 요소가 나머지 내용 요소와는 관련성이 별로 없다고 보았기 때문이다.

'자료를 해석하는 능력'은 모든 내용 요소와 연계하도록 되어 있지만, '원리를 적용하는 능력'은 '진화와 발달'에 관한 내용을 제외하도록 되어 있다. '탐구하고 그 결과를 보고하는 능력', '폭넓고 성숙한 흥미'는 모든 내용 요소와 연계하도록 되어 있다. '사회적 태도'는 '영양, 출산, 에너지 관련성, 환경 요인, 유전 요인, 토지 활용, 진화와 발달' 등의 내용 요소와 연계하도록 되어 있다. 이처럼, ○표를 통해 생물 교과에서 어떤 행동을 길러야 하는지, 그리고 이 행동과 연계하여 학습할 내용 요소와 이 행동을 적용해야 할 학습 경험이 무엇인지를 명확하게 제시할 수 있다.

이처럼 행동 요소와 내용 요소로 이루어진 이원분류표는 교육과정 개발에 활용할 수 있는 구체적인 교육목표 압축본이다. 예를 들어, 교사는 가로축의 항목만 보더라도 어떤 학습경험이 이루어져야 하는지 분명하게 알게 될 것이다.

첫째 칸의 '주요 사실과 원리 이해하기'는 단순한 암기가 아니다. 이를 위해서는 다양한 사례를 분석하고 해석하고 적용해야 한다. 다시 말해 명확한 해석과 이해를 위해서는 다양한 사고 작용이 필요하다.

둘째 칸의 '신뢰할 만한 정보 출처에 익숙해지기'를 위해서는 주요 사실과 원리를 이해하는 것을 넘어 학생이 직접 필요한 정보를 얻는 경험이 있어야 한다. 여러 가지 정보 출처를 탐색하는 경험을 해야 하고, 그 정보가 무엇에 적합하고 무엇에 적합하지 않은지를 분석하고, 정보 출처의 신뢰도를 판단할 만한 기준을 세워 봐야 한다. 즉, 둘째 칸에 제시된 교육목표를 달성하기 위해서는 첫째 칸에 제시된 것과는 다른 학습경험을 해야 한다.

셋째 칸의 교육목표도 학습경험 선정과 관련해 중요한 시사점을 주고 있다. 학생이 자료를 해석하는 능력을 기르려면 새로운 자료를 접할 기회가 있어야 하고 이를 해석하는 연습을 해야 한다. 그리고 해석의 원리를 이해하여 확대 해석이나 오류를 피하도록 해야 한다. 이러한 학습경험은 앞에서 제시한 학습경험과는 다르다. 새로운 자료를 접해야 하고, 해석의 기회가 있어야 하고, 해석상의 오류를 살피는 연습을 해야 하고, 해석의 기준을 마련해야 하기 때문이다.

'원리를 적용하는 능력 기르기'라는 넷째 칸은 어떤 학습경험이 필요한지에 대해 좀 더 구체적인 시사점을 주고 있다. 학생이 어떤 원리를 적용하는 능력을 기르려면, 이미 확인된 해결 방안을 암기만 해서는 안 되고, 새로운 문제를 다뤄 봐야 한다. 이를 통해 원리를 제대로 적용했는지, 그 과정에서 어떤 어려움이 있을 수 있는지를 깨닫는 학습경험을 해야 한다. 그리고 원리 적용 결과를 확인하면서 문제 해결 능력을 평가해야 한다. 이처럼, 넷째 칸은 생물교과에서 어떤 학습경험을 제공해야 하는지에 대해 구체적인 시사점을 주고 있다.

'탐구하고 그 결과를 보고하는 능력'이라는 다섯 번째 칸은 학생이 탐구를 수행하고 그 결과를 글이나 말로 보고하는 능력을 기르려면 어떤 학습경험이 필요한지를 구체화하고 있다. 이는 학생이 실제로 생물 교과의 의미 있는 탐구를 진행하고 연구보고서를 작성하고 발표하는 수업이 이루어져야 한다는 것을 의미한다. 이 역시 어떤 학습경험이 이루어져야 하고 수업 방법이 어떠해야 하는지를 알려주는 것이다.

'폭넓고 성숙한 흥미'라는 여섯 번째 칸은 학습경험 선정에 대해 구체적인 제안을 하고 있다. 학생이 학습 내용을 이해하고, 분석하고, 해석하고, 적용하는 것만으로는 부족하다. 배우는 내용에 만족감을 느껴야 하고, 흥미가 계발되어야 하며, 학습을 시작했을 때보다 흥미의 폭이 넓어지고 성숙해져야 한다. 학생의 흥미를 일으킬 수 있는 학습경험이 제공되려면 학생이 현재 무엇에 흥미를 느끼고 있으며 무엇을 통해 그 흥미가 더 깊어질 수 있는지를 연구해야 한다. 다시 말하지만, 행동 요소를 분명히 제시하는 것은 학습경험 선정에 직접적인 시사점을 준다.

마지막으로, '사회적 태도'라는 항목은 교육과정 설계에 대한 직접적인 시사점을 제시하고 있다. 학생은 생물 교과 학습을 통해 이기적인 태도보다 사회적인 태도를 길러야 한다. 이를 위해서 학생은 생물학적 지식이 사회적으로 어떤 영향을 미치고 있는지를 이해해야 한다. 그리고 생물학적 지식과 사회적 실천의 관계, 이로부터 도출되는 사회적 정책을 이해함으로써 과학이 가치중립적인 것이 아니라 사회 복지에 기여하는 것임을 깨달아야 한다. 또한, 생물학의 발전이 개인의 이득을 위한 것이 아니라 사회 공공성을 위한 것이라는 점을 인식하고, 생물학 연구를 통해 사회 복지에 기여하고자 하는 마음을 갖도록 해야 한다.

이상에서 언급했던 사례를 통해 행동 목표 진술이 교육과정 자료 선택, 학습경험 선정, 수업 설계에 얼마나 구체적인 도움이 되는지 알 수 있다.

다음으로 교육목표의 내용 요소에 대해 살펴보자. 내용 요소는 교육과정 개발의 다음 단계에서 해야 할 것이 무엇인지를 보다 구체적으로 명시하고 있다. 이원분류표에는 행동 요소가 적용되어야 할 내용 요소가 제시되어 있다. 이는 곧 교과 내용을 통해 계발해야 할 행동 요소를 제시하는 것이기도 하다.

'영양'이라는 내용 요소를 통해 사실과 원리를 이해해야 하고, 신뢰할 만한 정보를 활용해야 하고, 자료를 해석해야 하고, 문제에 원리를 적용해야 하고, 영양에 대한 흥미를 찾아야 하고, 영양을 통해 추구해야 할 사회적 시사점을 얻어야 한다. 이와 마찬가지로 각각의 세로칸은 분석 대상이 되는 내용 요소를 알려주고 있다. 이렇게 두 축의 목표를 동시에 고찰함으로써 우리가 목표로 하는 행동의 변화가 무엇이며, 이러한 행동 목표와 관련된 구체적인 학습자료, 아이디어, 학습 조건이 무엇인지를 분명히 이해할 수 있다. 이렇게 함으로써 개별 교과 교육이나 학교 전체의 교육목표로 무엇이 적절한지를 구체적으로 밝힐 수 있다.

이원분류표에 제시된 항목이 과연 적절한 교육목표인지 의문이 제기될 수도 있다. 이원분류표는 교육목표 적절성 여부 자체를 판별하는 도구는 아니다. 이원분류표에 제시된 세부 목표는 이미 교육목표 수립 단계에서 교육철학과 학습심리학을 통해 걸러진 목표이다. 따라서 이원분류표의 기능은 교육목표를 진술하는 형식을 제공하는 것이고, 이를 통해 교육목표의 의미를 명확히 밝혀 학습 경험 선정에 도움을 주는 것이다.

하지만, 이전 단계를 거꾸로 되돌아보는 것도 의미가 있다. 교육목표 이원분류표를 통해 이전에는 미처 발견하지 못했던 목표를 다시 확인할 수도 있다. 이원분류표에 ○표가 없는 칸은 이제까지 발견하지 못했던 새로운 목표를 확인해 거기에 다시 ○표를 넣을 가능성을 보여주는 것이기도 하다.

따라서, "○표가 없는 칸도 새로운 교육목표가 될 수 있을까?"라는 문제가 제기될 수 있다. 예를 들어, '신뢰할 만한 정보 출처에 익숙해지기'와 '소화'가 만나는 칸에는 ○표가 없다. 이는 '소화에 관련된 신뢰할 만한 정보 출처에 익숙해지기'라는 교육목표가 수립되지는 않았지만, 그 목표를 제시할 수도 있다는 것을 암시한다. 그러나 현대 사회에 대한 연구에서 확인한 바에 의하면, 소화에 대한 정보를 계속해서 탐색할 필요는 없다. 현대 사회에서 학생과 성인 모두에게 중요한 것은 소화, 순환, 호흡에 대한 정보보다는 영양과 출산에 대한 정보이다. 이러한 이유로 '소화, 순환, 호흡과 관련한 자료 출처에 익숙해지기'라는 교육목표가 설정되지 않은 것이다.

이원분류표를 처음 작성할 때는 에너지 문제에 대한 사회적 태도를 길러야 한다는 교육목표를 수립했지만, 진화와 발달에 대한 사회적 태도를 길러야 한다는 교육목표는 수립하지 않았다. 그러나 이를 교육철학과 학습심리학을 통해 다시 신중하게 검토해 본 결과 이것 역시 교육목표로 수립하게 되었다. 이처럼 이원분류 표는 본래 교육목표를 효과적으로 진술하기 위해 쓰이는 도구이지만, 다시 검토해 볼 만한 잠재적 목표를 발견하는 도구가 될 수도 있다.

교육목표를 행동 요소와 내용 요소로 나누어 진술할 때, 이를 어느 정도로 일반화하거나 구체화하여 제시해야 하는 것이 바람직한가라는 문제가 제기될 수 있다. 이는 정도의 차이에 불과할 수도 있고, 학습심리학의 도움을 받아 조정해야 할 문제이기도 하다. 다른 조건이 동일하다면 교육목표를 구체화하는 것보다 일반화하여 진술하는 것이 바람직하다. 그러나 어떤 학습경험이 필요한지를 명확하게 하려면, 행동 요소를 명확하게 구분하여 제시하는 것이 바람직하다.

예를 들어, 어떤 정보를 암기한다는 행동 요소와 그 정보를 새로운 상황에 적용한다는 행동 요소는 명확하게 구분해야 한다. 물론 서로 명확하게 구분하기 어려운 행동 요소도 있다. 예를 들어, 어떤 사실이나 원리를 이해한다는 것이 단순한 암기 능력만을 의미할 수도 있고, 그 이상의 능력인 의미를 진술하는 능력, 예시를 제시하는 능력, 다른 상황에 적용하는 능력까지를 포함할 수도 있다.

이와는 반대로, 행동 요소가 서로 명확하게 구분되더라도 이를 유사한 범주로 묶는 것도 필요하다. 행동 요소를 무작정 세분화하는 것은 바람직하지 않다. 행동 요소를 자세히 구분하는 것 자체가 어렵기도 하고, 교사가 이 행동 요소를 모두 염두에 두면서 수업을 하는 것도 어렵기 때문이다.

그러므로, 행동 요소의 범주는 일곱 가지에서 열다섯 가지 정도가 적합하다. 〈8년 연구〉[4]를 수행할 때 우리는 평가 대상이 되는 행동 요소를 10가지 범주로 설정하였다. 그것은 정보의 습득, 학습 방법과 습관 계발, 효과적인 사고 방법 계발, 사회성 계발, 흥미 계발, 감상 능력 계발, 감수성 계발, 사회적 적응 능력 계발, 신체적 건강 유지, 인생관 확립 등이었다. 이것이 완벽한 범주는 아니겠지만, 이는 광범위한 행동 요소를 상세히 범주화하면서도 교사가 이를 기억하고 수업에 활용하기에 도움이 될 만한 정도의 규모였다.

행동 요소와 마찬가지로 내용 요소 역시 어느 정도로 일반화 혹은 구체화해야 하는지가 문제가 된다. 내용 요소의 범주는 중요한 내용과 그렇지 않은 내용을 구분할 수 있을 정도가 적당하다. 예를 들어 생물 교과에서 인체의 기능, 동식물 자원 활용, 진화와 발달처럼 세 영역으로 구분하더라도, 이 영역 안에 수많은 세부 내용이 포함될 수 있다. 인체의 기능이라는 영역 안에는 역학적

---

4. 역자 주: 〈8년 연구〉는 미국 진보주의협회회가 중심이 되어 1933~1941년 8년 동안의 진보주의 교육의 효과를 확인하기 위해 수행된 연구로, 이 책의 저자인 랄프 타일러가 책임연구를 맡았다. 연구 결과, 진보주의 교육을 받은 학생이 사고력이나 사회성 등에서 우수한 성과를 거두었을 뿐만 아니라, 일부의 우려와는 달리 대학 학문을 이수하는 능력에서도 뒤처지지 않는다는 점이 밝혀졌다.

인 움직임, 휴식과 여가, 피부와 보호 등의 내용 요소가 들어갈 수도 있다. 그러나 이는 생물 교과의 교육목표와는 관련이 적기 때문에 내용 요소로 선정되지 않았다. 다른 내용 요소도 마찬가지이다. 그러므로 세부 목록은 어떤 내용이 중요하고 어떤 내용이 중요하지 않은지를 알려주는 기능을 한다. 또한 세부 내용 중에서 공통된 속성을 묶어 내기에 적합한 내용 영역, 범주를 설정해야 한다. 하나의 내용 영역 안에는, 경우에 따라 달라질 수는 있지만, 10에서 30가지의 세부 내용이 들어가는 것이 적절하다.

이원분류표를 활용하여 교육목표를 진술할 때는 행동 요소나 내용 요소에 사용되는 용어의 의미가 명확히 드러나야 한다. 다시 말해 모호한 용어를 사용해서는 안 되고, 교육과정을 설계하는 사람에게 구체적인 의미를 전달하고 교육과정 다음 단계에 도움이 되도록 해야 한다. 학생에 대한 연구, 사회에 대한 연구를 통해 수립한 교육목표는 상당히 구체적인 의미를 갖기 마련이다. 이 교육목표는 삶의 현장으로부터 귀납적으로 수립된 목표이고, 따라서 행동 요소와 내용 요소에도 매우 구체적인 의미를 담고 있다. 그러나 교과 전문가들이 제시한 교육목표는 추상적이어서 구체적인 의미나 예시를 담지 못하는 경우가 많다. 따라서 교육과정 개발자는 교과 전문가의 제안에 담긴 의미를 생각해 보고 이를 여러 맥락에서 검토해야 한다. 그리고 그 의미를 분명히 정의하여 교육과정 다음 단계에서 활용할 수 있도록 해야 한다.

여기에서 말하는 추상적인 용어란 '비판적 사고', '사회적 태도, '감상', '감수성', '사회적 적응' 같은 것이다. 이러한 용어에도 학생에게 요구되는 바람직한 행동의 변화가 나타나 있지만, 이를 구체적인 의미 없이 막연하게 사용하는 경우가 많다. 따라서 학생이 학습을 통해 길러야 할 행동 요소가 무엇인지 구체적인 예를 들어 설명함으로써 교육목표를 좀 더 분명하게 정의할 수 있을 것이다.

예를 들어 '비판적 사고'란 단순히 사실이나 개념을 알고 기억하는 것이 아니라 그 사실이나 개념과 관련된 사고 능력을 발휘하는 것을 의미한다. 이 용어가 교육목표로 쓰일 때는 좀 더 구체적인 행동 요소를 제시해야 한다. 〈8년 연구〉에 참여했던 중등학교 교사들은 '비판적 사고'를 다음 세 가지 종류의 사고 능력이라고 정의했다. 첫 번째는 귀납적 사고이다. 즉, 구체적인 자료나 사실을 수집하고 그로부터 일반적인 원리를 도출하는 것을 의미한다. 두 번째는 연역적 사고이다. 이는 이미 배운 일반화된 원리를 구체적인 상황, 새로운 상황에 활용하는 것이다. 세 번째는 논리적 사고이다. 이는 필요한 자료를 수집하여 가설을 설정하고, 논리적 오류를 피하며, 삼단논법 등을 통해 자신의 주장을 논리적으로 펼치는 능력이다. '비판적 사고'라는 모호한 용어에 이처럼 구체적인 의미를 부여하고 이를 행동 목표로 서술해야 교육과정 설계에 구체적인 시사점을 줄 수 있다.

문학 교사들은 '문학 감상'이라는 용어를 교육목표 진술에 사용하고 있다. 이들은 문학 감상을 문학에 대한 흥미, 문학의 해석 능력과는 구별하고 있다. 이들은 문학 감상이란 문학 작품을 읽은

후 나타내는 반응이라고 본다. 이 반응에는 문학 작품을 더 읽고
자 하는 욕구, 작품의 소재나 작가, 시대적 배경에 대해 더 공부하
고자 하는 의욕, 작품 감상 후 자기를 창의적으로 표현해 보려는
시도, 작품 속 인물을 자신과 동일시하는 공감, 작품에 나타난 사
상을 자기 경험에 적용하려는 태도, 작품을 평가하는 기준에 대한
이해 등이 포함된다. '문학 감상'을 이런 식으로 정의하는 것에 동
의하지 않는 사람도 있을 것이다. 그러나 분명한 것은 추상적인 용
어를 구체화하여 행동 목표를 진술해야 유용한 교육목표로 활용
될 수 있다는 점이다. 지금 사용하고 있는 교육목표 용어가 모호
하다거나 교육과정의 다음 단계에 활용하기에 구체적인 도움이 되
지 않는다고 판단한다면, 그 용어를 위와 같은 방식으로 정의해 보
는 것이 좋다.

교육목표에 담긴 내용 요소가 무엇인지를 정의하는 것은 어
려운 일이 아니다. 내용 목표를 행동 목표처럼 추상적으로 진술하
는 경우는 많지 않다. 하지만 어떤 경우에는 영역별로 세부 내용을
나누어 구체적인 제목을 제시하는 것이 필요하다. 앞에서 제시한
이원분류표의 경우 '진화와 발달' 영역의 하위 내용 요소를 구체적
으로 제시할 필요가 있다. 다른 경우에는 내용별로 구체적인 학습
활동이나 일반화된 지식, 행동 목표가 적용되어야 하는 상황 등을
제시하여 내용 목표가 무엇인지 명확하게 정의하는 것이 필요하다.
그래야 불필요한 내용 요소가 포함되거나, 내용 목표를 잘못 이해
하는 일이 생기지 않는다.

위에서 언급한 사례는 교육과정 개발에 도움이 되도록 교육 목표를 진술하는 것이 얼마나 어려운지를 보여주고 있다. 행동 목표와 내용 목표를 모두 포함하여 교육목표를 진술해야 교육의 과제가 무엇인지를 명시하게 된다. 바람직한 교육의 결과가 무엇인지를 분명하게 제시해야, 교육과정 설계자가 교육내용 선정, 학습활동 제시, 교수학습 방법 결정 등 모든 교육과정 설계의 기준을 세울 수 있다. 이렇게 교육목표 수립에 노력을 많이 기울이는 이유는 교육목표가 다른 교육활동을 결정하는 데에 가장 중요한 준거criteria가 되기 때문이다.

2.

**교육목표를
달성하려면
어떤
학습경험을
선정해야
하는가?**

■

　지금까지 교육목표 수립에 대해 살펴보았다. 이를 행동 요소와 내용 요소 두 가지 차원에서 논의하였다. 이제는 이러한 교육목표를 어떻게 달성할 것인가를 논의해야 한다. 학습은 기본적으로 학생의 경험을 통해, 학생이 처한 상황에 대한 반응을 통해 이루어진다. 학생의 경험이 곧 교육의 수단이다. 교육과정을 설계할 때는 "수립된 교육목표를 달성하려면 구체적으로 어떤 학습경험을 선정해야 하는가?"라는 문제를 생각해야 한다. 교육목표 달성은 학습경험을 통해 이루어지기 때문이다.

(1) 학습경험의 의미

　'학습경험'이라는 용어의 의미는 교과에서 다루는 교육 내용이나 교사의 교수 활동과 동일한 의미가 아니다. 학습경험은 학생과 학생의 외적 환경 사이의 상호작용이라고 할 수 있다.[5] 학습은 학생의 활동을 통해서 이루어진다. 즉 학습은 교사의 교수 활동을 통해 이루어지는 것이 아니라, 학생이 자신이 배운 내용과 관련해 어떤 활동을 하느냐에 의해 이루어진다.

두 학생이 같은 수업을 듣더라도 그들의 학습경험은 서로 다를 수 있다. 어떤 학생은 교사가 설명하는 문제에 관심이 많아 이를 자기 경험과 연계하여 구체적인 사례를 떠올릴 수도 있다. 반면에 다른 학생은 다음 체육 시간에 할 농구 시합에 정신이 팔려 수업 시간 내내 농구 생각만 할 수도 있다. 이는 같은 수업을 듣더라도 그들의 경험 세계는 완전히 다를 수 있다는 것을 보여주는 사례이다. 따라서 교육의 핵심적 수단은 '학생의 실제 경험'이지 '학생에게 가르친 것'이 아니다.

학생과 환경의 상호작용으로서의 경험을 중시하는 것은 학생을 능동적인 참여자로, 관심 있는 대상에 대해 적극적인 반응을 보이는 행위자로 보는 것이다. 그렇다면 교사가 어떻게 하면 학생에게 의미 있는 학습경험을 제공하여 학생이 스스로 활동하게끔 할 수 있는지가 중요하다. 교사는 학생의 반응을 유도할 수 있는 학습

---

5. 역자 주: '학습경험'이라는 용어의 의미를 이렇게 정의한 학자는 듀이(J. Dewey)이다. 당시 진보주의 교육자들은 학생의 경험으로부터 교육을 시작해야 한다는 듀이의 이론을 상식으로 받아들이고 있었으며, 타일러 역시 이 영향을 받았다. 존 듀이의 이론에 대해서는 『민주주의와 교육(Democracy and Education, 1916)』, 『경험과 교육(Experience and Education, 1938)』 등을 참고할 수 있다. 이 책은 강의록에 가까워 일반적인 학술서적과 달리 출처나 참고 문헌이 제시되어 있지 않다.

조건이나 상황을 구조화함으로써 학생에게 적절한 학습경험을 제공할 수 있다. 교사는 학생의 배경, 그들의 흥미를 잘 알아야 어떤 조건에서 학생이 반응을 보일 것인지, 나아가 어떤 반응을 통해 바람직한 학습이 이루어질 수 있는지를 예측할 수 있다.

따라서 학생이 배움의 주체라는 논리가 교사의 책임감을 경시하는 것은 아니다. 교사의 역할은 학생이 반응할 만한 환경을 형성하고 바람직한 행동의 변화를 가져올 학습경험을 조성하는 것이다.

하지만, 동일한 학습환경을 조성하더라도 학생은 각기 다른 학습경험을 하게 된다는 것을 이해해야 한다. 교사는 모든 학생이 바람직한 흥미를 느낄 만한 환경을 조성하든가, 아니면 학생 개개인에 따라 다양한 학습환경을 제공해야 한다. 학습경험을 선정한다는 것은 교육목표 달성에 적합한 학습경험이 무엇인지 결정하는 것, 그리고 학생들의 학습경험을 유도할 수 있는 외적 환경을 조성하는 것이다.

(2) 학습경험 선정의 원리

구체적인 학습경험은 교육목표에 따라 달라진다. 하지만 이와 무관하게 학습경험 선정에 일반적으로 적용할 수 있는 몇 가지 기본 원리가 있다.

첫째는 기회의 원리이다. 이는 교육목표 달성에 필요한 활동을 학생이 실제로 해 볼 수 있는 기회를 제공해야 한다는 것이다. 만약 교육목표가 문제 해결 능력 계발이라면 학생에게 문제를 해결해 볼 수 있는 기회를 실제로 제공해야 한다. 교육목표가 다양한 분야의 독서에 흥미를 갖도록 하는 것이라면 학생에게 다양한 분야에서 흥미로운 독서 경험을 해 볼 기회를 주어야 한다. 이는 모든 교육목표에 적용해야 할 원리로, 학생이 교육목표를 달성하는 데 필요한 활동을 하는 기회를 충분히 제공해야 한다.

둘째는 만족의 원리이다. 이는 교육목표와 관련된 학습경험을 하면서 학생이 만족감을 느끼도록 해야 한다는 것이다. 예를 들어, 건강 문제 해결과 관련된 학습경험을 할 때 실제로 건강 문제를 해결할 기회를 얻어야 할 뿐만 아니라 그 과정에서 만족감을 느껴야 한다. 만약 그 경험이 만족스럽지 못하고 오히려 불쾌감을 느낀다면 바람직한 배움이 이루어질 수 없다. 자칫하면 바라는 목표와는 다른 결과가 나타날 수도 있다.

독서 흥미를 계발하는 학습경험도 마찬가지이다. 학생이 실제로 다양한 분야의 독서를 할 수 있는 기회를 제공해야 하고, 그 과정에서 만족감을 느껴야 효과적인 학습경험이 이루어졌다고 할 수 있다. 이를 위해서 교사는 학생의 흥미와 수준에 대한 충분한 정보를 갖고 학생이 학습경험을 통해 만족감을 느낄 수 있는지를 판단해야 한다.

셋째는 가능성의 원리이다. 이는 학생이 실제로 해낼 수 있는 범위의 학습경험을 제공해야 한다는 것이다. 다시 말해 학습경험은 학생의 현재 수준에서 달성할 수 있는 것이어야 하고, 학생의 성향 등에도 적합한 것이어야 한다. 이는 "교사는 학생의 현재 수준에서 수업을 시작해야 한다."라는 오래된 격언에서도 확인할 수 있다. 만약 학생이 해낼 수 없는 수준의 학습경험을 선정한다면 교육목표는 달성될 수 없다. 따라서 교사는 학생의 현재 수준, 배경, 마음가짐 등에 대한 정보를 충분히 파악하고 있어야 한다.

넷째는 동목표 다경험의 원칙이다. 이는 동일한 교육목표를 달성하는 데에 여러 가지 경험이 활용될 수 있다는 것이다. 효과적인 학습 기준에 적합한 학습경험이라면 무엇이든 교육목표 달성에 도움이 될 수 있다. 교육목표를 달성하기 위해 여러 종류의 학습경험을 활용할 수 있다. 교사가 학습경험을 선정할 때 여러 가지 가능성을 창조적으로 발휘할 수 있다. 교육목표를 달성하기 위해서는 학생의 다양한 관심을 활용하여 학습경험의 폭을 넓힐 수 있다. 교육목표를 달성하는 데에 필요한 학습경험을 한 가지로 제한할 필요는 전혀 없다.

다섯째는 동경험 다성과의 원리(경제성의 원리)이다. 이는 동일한 경험을 했다고 하더라도 교육의 성과가 여러 가지로 나올 수 있다는 것이다. 예를 들어 건강에 대한 문제를 해결하는 과정에서, 건강에 대한 정보도 습득할 수도 있고, 공공 보건의 중요성에 대한 태도도 기를 수도 있다. 건강 분야에 대한 흥미를 느끼게 될 수도 있고 반대로 흥미를 잃어버릴 수도 있다. 이처럼 모든 학습경험은 한 가지 이상의 학습 성과를 얻게 된다.

이 원리가 잘 활용되면 시간을 경제적으로 활용하게 되는 긍정적인 결과를 낳을 수 있다. 학습경험을 잘 설계하면 동시에 여러 가지 성과를 얻을 수 있기 때문이다. 하지만 의도하지 않았던 부정적인 결과를 낳을 수도 있다. 예를 들어 교사는 학생에게 셰익스피어 희곡을 해석하는 능력을 길러주고자 했으나, 그 의도와는 달리 학생들이 셰익스피어를 싫어하게 되는 결과가 생길 수도 있다. 혹은 수학 교사가 제시한 예제 문항에 교육적으로 부적절한 내용이 담겨 있어, 학생의 수학 계산 능력을 길러주고자 했던 교사의 의도와는 달리, 학생들이 잘못된 가치관을 배우게 될 수도 있다.

(3) 교육목표 달성에 도움이 되는 학습경험의 예

교육목표는 매우 다양하다. 그래서 교육목표를 달성하는 데에 도움이 되는 학습경험 사례를 모두 제시하기는 어렵다. 대신 몇 가지 공통된 교육목표를 제시하고 이 목표를 달성하는 데에 도움이 되는 학습경험이 무엇인지 살펴보기로 하자.

가. 사고력 계발에 도움이 되는 학습경험[6]

'사고력'이라는 용어는 다양한 의미를 지니고 있다. 일반적으로는 어떤 개념을 단순히 기억하는 것을 넘어 두 가지 이상의 개념을 서로 연관 지어 생각할 수 있는 능력을 의미한다.

귀납적 사고란 여러 가지 구체적인 사실과 정보에서 일반적인 원리를 도출하는 것을 말한다. 연역적 사고란 일반적인 원리를 구체적인 상황에 적용하는 것을 말한다. 논리적 사고란 가설을 세우고 논리적 근거를 통해 결론을 도출하는 것을 의미한다. 실제 현실에서는 여러 유형의 사고력이 복합적으로 작용한다. 따라서 교사는 어느 한 가지 사고력만 강조해서는 안 된다.

학생이 의미 있는 학습경험을 하려면 이러한 사고력을 발휘할 기회를 충분히 제공하여 학생의 사고를 자극해야 한다. 학습심리학 연구에 따르면, 학생은 자기가 부딪친 문제 상황을 곧바로 해결할 수 없을 때 다양한 사고력을 발휘하게 된다. 다시 말해 사고력을 계발하는 학습경험을 하려면, 학생이 다양한 문제 상황, 특히 자신의 실제 삶과 연계된 문제 상황을 만나도록 해야 한다. 그 문제 상황은 교과서나 참고자료를 통해 곧바로 해답을 찾을 수 있는 것이어서는 안 된다. 학생이 여러 가지 정보나 이론을 통해 문제를 직접 해결해 보는 기회를 주어야 한다. 또한 그 문제 상황은 일상생활과 연계가 되어야 한다. 그래야 학생이 이 문제를 해결하는 과정을 가치 있는 학습경험으로 인식하게 된다.

사고력을 발휘하는 일반적인 절차에 따라 학습 상황을 설계

---

6. 역자 주: 이 부분의 소제목은 번역자가 제시한 것이 아니라 저자가 직접 제시한 것이다.

해야 한다. 이 절차는 ① 문제를 확인하는 단계, ② 문제를 분석하여 명확하게 인식하는 단계, ③ 필요한 자료를 수집하는 단계, ④ 가설을 설정하고 대안을 모색하는 단계, ⑤ 가설을 검증하는 단계, ⑥ 결론을 도출하는 단계로 이루어져 있다.

가설을 설정하는 단계에서 학생은 이미 알고 있던 원리나 이론을 동원할 수도 있다. 이 경우에는 가설을 검증하는 단계 없이 곧바로 문제를 해결할 수 있다. 어떤 경우에는 위에서 제시한 문제 해결 절차가 달라질 수도 있고, 이 중 어떤 단계를 생략할 수도 있다. 하지만 가급적 학생이 문제 해결 단계를 모두 접해보는 학습경험, 각 단계에 필요한 기능에 익숙해질 수 있는 학습경험을 하도록 해야 한다.

학생은 자기가 문제를 직접 해결해 보는 경험을 통해 사고력을 기른다. 교사가 문제 해결 과정을 보여주고 학생은 그것을 구경만 한다면 사고력을 기를 수 없다. 또한 학생 발달 단계 중 언제 어떤 사고력을 계발해야 하는지도 분명히 해야 한다. 예를 들어 문제 해결과 관련된 자료를 수집하는 활동은 초등학교나 중학교 저학년에서 이루어질 수 있다. 안타깝게도, 교사가 수학 자료를 제시하고 학생은 단지 계산만 하는 경우가 많다. 그렇게 되면 학생이 스스로 자료를 수집해야만 할 때, 어디서 어떤 자료를 구해야 하는지 모르게 된다. 실험 결과를 통해서도 밝혀졌듯이, 학생이 스스로 자료를 수집하는 능력을 길러야 문제 해결 능력도 계발할 수 있다. 만약 학생이 중고등학교 시절에 자료 수집하는 능력을 충분히 계발했다면 대학교나 대학원에서 이를 다시 강조할 필요가 없게 된다.

"학생들이 문제를 해결할 때, 특정한 방법을 사용하도록 가르치는 것이 좋은가?"에 대해 여러 연구가 이루어졌다. 9학년 학생을 대상으로 한 연구에서는 학생들은 문제를 분석할 때 제각기 서로 다른 방법을 사용한다는 사실이 밝혀졌다. 어떤 학생은 모든 절차를 하나하나 밟아 가지만, 어떤 학생은 앞을 예측하며 중간 단계를 생략한다는 것이다. 학습 능력이 부족한 학생에게는 특정 방법을 가르치는 것이 도움이 되지만, 그렇지 않은 학생에게는 별다른 효과가 없다는 것이다. 어떤 학생은 문제 해결에 필요한 절차를 하나하나 배워야 하지만, 어떤 학생은 머릿속으로 큰 그림을 그리며 문제에 접근하기 때문에 세부적인 절차를 굳이 알아야 할 필요가 없다.

또한 학생들은 보통 해결 방안을 제시할 수는 있으나 이를 설명하는 것을 어려워한다. 학생들은 보통 두 가지 이상의 해결 방안을 제시하지 못한다. 문제 해결 능력을 기르려면 이 부분을 충분히 학습할 기회가 있어야 한다. 학생들이 문제를 접할 때, 교사가 다양한 조건이나 접근법을 알려주고 학생들이 이를 연습을 하도록 하는 것이 도움이 된다.

학생들에게는 문제를 분석하고 여기에 포함된 여러 요소를 처리할 때 필요한 개념의 틀concept structure이 없는 경우가 많다. 어떤 현상에 대한 기본 개념과 스키마scheme를 활용하여, 문제 분석에 필요한 개념의 틀을 형성해야 사고력을 기를 수 있다. 해당 분야의 전문 용어, 기본적인 가설, 일반화된 지식 등을 통해 개념의 틀을 형성하고, 이를 바탕으로 문제를 분석하고 여기에 포함된 여러 요소를 연관 지어야 한다. 개념의 틀을 활용하여 얻은 구체적인 학습경험이 효과적인 문제 해결 능력을 기르는 데에 도움이 된다.

나. 정보 습득에 도움이 되는 학습경험

정보 습득에 도움이 되는 것은 구체적 사실에 대한 이해, 다양한 분야의 지식 축적 등과 관련된 학습경험이다. 정보의 유형에는 원리, 법칙, 이론, 실험의 증거, 아이디어, 사실, 용어 등이 있다. 이 중 문제 해결에 도움이 되는 정보, 실천의 방향을 알려주는 정보 등이 중요하다. 정보 그 자체만으로는 별다른 의미가 없다.

학생이 의미 있는 정보를 습득하는 데에 별다른 도움이 되지 않는 학습경험이 무엇인지 살펴보자. 여기에는 다섯 가지 유형이 있다.

첫 번째는 학생이 정보의 의미를 제대로 이해하거나 활용하는 것이 아니라 그 정보를 기계적으로 외우기만 하는 것이다. John Dewey는 시카고 인근 학교를 방문하여 지구의 형성 과정 과정을 배우는 수업을 참관하였다. Dewey는 학생들에게 지구의 중심 부분까지 깊게 파 보면 그 부분이 뜨거울지 차가울지 물어보았다. 학생들은 아무도 대답하지 못했다. 그때 교사는 Dewey에게 잘못된 질문을 했다고 하더니, 학생들에게 "여러분, 지구의 중심 부분은 어떤 상태인가요?"라고 물었다. 그러자 학생들은 다 같이 "화성암이용해된 상태요."라고 대답을 하였다. 이처럼, 학교에서는 그 정보의 의미를 제대로 이해를 하지 못한 상태에서 단순히 암기만 하도록 하는 경우가 많다.

두 번째는 학생이 구체적인 정보를 학습한 후 이를 금세 잊어 버리고 마는 것이다. Meumann이 제시한 망각의 그래프에서는 무 의미한 음절을 무작정 외운 후 이를 잊어버리는 모습이 나타나 있 다. 정보를 단순히 외우기만 할 때도 이와 비슷한 모습이 나타난 다. 학생은 보통 한 과목을 배운 후 1년 이내에 50%를 잊어버리 고, 2년 후에 75%를 잊어버린다.

세 번째는 정보를 적절하게 조직하지 못하는 것이다. 학생들 은 대부분 정보를 단편적으로만 기억하고 이를 조직적으로 연관 짓거나 체계적인 형식으로 기억하지는 못한다.

네 번째는 학생이 기억하는 정보가 막연하거나 정확하지 않 은 것이다. 엄밀하게 기억해야 할 정보일수록 학생이 이를 아예 기 억하지 못하거나 부정확하게 기억하는 경우가 많다.

다섯 번째는 학생이 정확한 정보, 최신의 정보 출처에 익숙하 지 않다는 것이다. 현대 사회에 대한 정보는 대부분 최신의 정보이 기 때문에, 학생들이 정확하고 신뢰할 만한 최신 정보를 어디에서 얻어야 하는지 아는 것은 매우 중요하다. 하지만 최근 연구 결과에 의하면 학생 중 20%만이 학습과 관련된 신뢰할 만한 정보를 어디 서 얻어야 하는지 알고 있다.

이러한 문제점을 극복하려면 다음과 같은 해결책이 필요하다.

첫째, 정보 습득과 문제 해결 학습을 동시에 진행해야 한다. 정보만을 별도로 습득하는 것이 아니라 문제 해결 과정의 일부로 정보를 습득하도록 해야 한다. 그래야 학생들이 정보를 습득하고 활용해야 하는 이유를 분명히 인식하게 된다. 정보를 기계적으로 암기만 해서는 정보가 필요한 이유를 알 수 없다.

둘째, 기억할 만한 가치가 있는 정보를 학습 내용으로 선정해야 한다. 흔히 과학 시간에 수천 가지 전문 용어를 배우는 경우가 있다. 하지만 이 중에서 중요하고 자주 사용하는 용어를 선정해야 학생이 이를 정확하게 습득하게 된다. 자주 사용되는 용어를 잊어버리는 경우는 거의 없다.

셋째, 정보를 오랫동안 기억하게 하려면 이에 대해 강렬하고 다양한 인상을 받도록 해야 한다. 따라서 학생은 다양한 방식으로 정보를 접해야 하고, 교사는 그 의미를 강조해서 가르쳐야 한다.

넷째, 중요한 정보를 자주, 그리고 다양한 맥락에서 적용할 수 있도록 해야 한다. 정보를 자주 활용해 보면 그 정보를 오래 기억할 확률이 높아지고, 정보를 여러 분야에서 적용해 보면 그 중요성을 이해할 가능성이 커진다.

학생들이 배운 정보를 적절하게 조직할 수 있도록 하기 위해서는 정보를 한 가지 방법이 아니라 두세 가지 다른 방법으로 조직하도록 해야 한다. 즉, 정보를 상황에 따라 다양한 방식으로 재구성하는 학습경험을 제공해야 한다.

학생들이 정보 출처에 익숙해지도록 하려면, 신뢰할 만한 정보를 어디에서 찾을 수 있는지를 배우고 연습할 수 있는 기회를 주어야 한다. 이는 문제 해결 과정과 결합하여 이루어져야 한다. 신뢰할 만한 정보를 얻으려면 교과서나 몇 가지 참고자료에만 의존하지 않고 다양한 정보 출처에 익숙해져야 한다.

다시 강조하지만, 학생들이 문제 해결 과정의 일부로서 정보를 습득하는 경험을 하도록 해야 한다. 단순히 정보를 암기하도록 하는 것은 바람직하지 않다.

다. 사회적 태도 계발에 도움이 되는 학습경험

사회, 문학, 예술, 체육, 비교과 활동 등에서는 사회적 태도와 관련된 교육목표가 명확히 제시되어 있다. 태도attitude란 겉으로 드러난, 혹은 드러나지 않는 어떤 행동에 대한 성향tendency이다.

사람들은 무언가를 하고자 하는 욕구, 명확한 행동으로 나타내기 이전의 마음속 욕구를 느낀다. 그 욕구가 억제되어 실제로 구체적인 행동으로 나타나지 않기도 한다. 예를 들어 동료에 대해 혐오감을 느끼더라도 이를 말이나 행동으로 표현하지는 않는다. 태도는 행동에 강한 영향을 미치고, 개인의 가치관이나 만족감에도 깊은 영향을 미친다. 이러한 사실을 통해 우리는 태도의 중요성을 알게 된다.

선행 연구에 따르면, 태도를 계발하는 방법에는 크게 네 가지가 있다. 가장 흔히 쓰이는 첫 번째 방법은 환경을 통한 동화assimilation이다. 내 주변 사람들이 모두 당연하다고 인정하는 사실, 친구나 친지들이 공통으로 가진 관점 등은 알게 모르게 나의 태도를 거기에 동화시킨다.

두 번째 방법은 경험을 통해 얻게 되는 정서적 효과이다. 만약 어떤 특별한 경험을 통해 만족감을 느꼈다면 그에 대한 긍정적인 태도를 얻게 된다. 반대로 어떤 경험으로부터 불만족을 느꼈다면 그에 대한 부정적인 태도를 형성하게 된다.

세 번째 방법은 정신적으로 깊은 상처를 주는 것이다. 예를 들어 개에게 물려본 경험이 있는 아이는 하룻밤 사이에 개를 두려워하는 태도를 얻게 된다.

마지막 네 번째 방법은 지적 활동을 통한 태도 형성이다. 우리가 어떤 대상을 관찰하거나 분석하여 그 의미를 알게 되면, 그 지적 활동을 통해 대상에 대한 긍정적 혹은 부정적 태도를 형성하게 된다.

안타깝게도 지적 활동을 통해 사회적 태도를 기르는 경우는 흔하지 않다. 정신적으로 상처를 주는 방법은 교육적으로 바람직하지 않기 때문에 사용해서는 안 된다. 따라서 학교에서는 환경을 통한 동화, 경험을 통한 정서적 효과, 지적 활동을 통해 학생의 태도를 계발해야 한다.

학생의 태도 계발에 도움이 되는 학습경험을 선정하려면 몇 가지 기본 원칙을 지켜야 한다.

첫째, 바람직한 태도를 기르는 데에 도움이 되도록 학교와 지역사회 환경을 바꾸어야 한다. 현대 사회에서는 학교와 가정, 학교와 교회, 학교와 지역사회가 단절되어 있다. 언론에서 강조하는 가치관과 교회에서 강조하는 가치관이 다르고, 영화에서 강조하는 가치관과 학교에서 기르고자 하는 가치관이 충돌한다. 학생에게 바람직한 태도를 길러주기 위해서는 학생의 환경이 개선되어야 한다. 학생이 처한 환경을 통해 이기적인 태도가 아닌 사회적인 태도를 기르도록 해야 한다.

학교는 학교 환경을 통합해 학생이 바람직한 태도를 계발하도록 해야 한다. 교사들이 당연하게 여기는 생각, 학교의 규칙과 관행 등을 조사해 보고, 이를 통합적으로 개선함으로써 학생이 바람직한 사회적 태도를 자연스럽게 습득할 수 있도록 해야 한다.

어떤 지역에서는 사회적인 태도를 기르기 어려운 환경이 조성되어 있다. 예를 들어 어떤 지역에서는 중산층의 가치관이 다른 계층이나 소수 인종의 가치관과 첨예하게 대립하기도 한다. 그런데도 구세대 중산층 교사들이 사회의 구조적 문제점을 인식하지 못한 채 자신의 가치관을 강요하기도 한다. 이처럼 특정 교사 집단의 가치관을 강요하기보다는 바람직한 사회적 가치를 강화해야 한다. 또한 학교와 지역사회의 연대를 형성해서 학생의 환경을 개선해야 학생이 바람직한 사회적 태도를 기를 수 있다.

둘째, 학교의 비민주적 문화를 개선해야 한다. 특정 파벌을 용인하거나 특정 계급 특정 유형의 학생을 차별하는 문화에서는 학생들이 이기적인 태도를 기르게 된다. 학생들이 바람직한 사회적 태도를 기를 수 있도록 학교 문화를 자세히 분석해 보고 거기에서 새로운 가능성을 찾아야 한다.

학생이 바람직한 태도를 기르도록 하려면, 학생이 자기가 원하는 대로 행동하면서도 동시에 만족감을 얻을 수 있는 기회를 제공해야 한다. 예를 들어, 다른 인종 학생에 대한 올바른 사회적 태도를 지니게 하려면, 여러 인종의 학생이 함께 어울려 도움을 주고받는 가운데 만족감을 느끼도록 해야 한다. 예를 들어, 여러 인종의 학생이 함께 파티를 준비하고 이를 성공적으로 마치게 된다면, 이 경험을 통해 만족감을 얻으면서 바람직한 사회적 태도도 기르게 된다.

지적 활동을 통해 사회적 태도를 계발하려면 사회 현상을 폭넓게 분석할 수 있는 기회, 바람직한 사회적 태도가 무엇인지를 이해할 수 있는 기회를 제공해야 한다. 하지만 사회적 문제를 정면으로 다루는 것이 어려울 때도 있다. 예를 들어 학생에게 이미 형성된 사회적 편견이나 고정관념 때문에 사회를 올바로 이해하고 분석하는 논리적 사고를 발휘하기 어려울 수 있다.

그러할 때는 학생이 실업 문제와 같은 사회적 문제를 현장에서 직접 경험하는 기회를 제공해야 한다. 그래야 학생들이 스스로 문제의 본질을 파악하고 이에 대한 해결 방안을 진심으로 모색할 수 있다. 문학이나 영화 작품은 이론이나 데이터만으로는 이해하기 어려운 사회적 진실의 단면을 보여주기도 한다. 사회학 연구는 때때로 이러한 연구 방법을 사용하기도 한다. 이와 같은 방법을 통해 학생들이 사회적 현상을 분명하게 이해하게 되면 그들이 그동안 지녀 왔던 가치관을 성찰하면서 바람직한 사회적 태도를 계발할 수 있다.

이러한 지적 활동을 통해 사회적 태도를 계발하려면, 학생들이 주기적으로 자신의 언행을 되돌아보며 그것이 그럴듯한 입발림은 아니었는지, 자신의 주장과 행동이 얼마나 일치하는지를 성찰하도록 해야 한다. 이와 같은 성찰이 사회적 태도 형성에 많은 영향을 미친다.

사람들의 사회적 태도를 억지로 바꿀 수는 없다는 것은 분명하다. 태도의 변화는 관점의 변화에서 오고, 관점의 변화는 사회적 현상에 대한 새로운 인식과 자신에 대한 성찰을 결합해야 이루어질 수 있다. 이러한 인식과 성찰을 할 수 있는 학습경험을 제공해야 사회적 태도를 계발할 수 있다.

라. 흥미 계발에 도움이 되는 학습경험

흥미는 교육의 목표이자 수단이다. 흥미는 교육목표이자 동시에 목표 달성에 필요한 학습경험을 하도록 이끄는 원동력이다. 학생은 자기가 원하는 목표나 자기가 평소에 즐기는 것에 흥미를 느낀다. 흥미는 학생의 행동 방향을 결정하고 장차 어떤 인간으로 성장할 것인지에 강한 영향을 미친다.

학습경험을 통해 흥미를 계발하려면 다음과 같이 해야 한다.

첫째, 학생이 만족감을 얻는 기회를 제공해야 한다. 흥미를 계발할 영역을 찾도록 해야 하고, 그 결과 만족감을 느끼도록 해야 한다. 만족감의 요인은 여러 가지이다. 이는 사회적 인정, 음식이나 휴식 등 신체적 욕구 충족, 자신의 포부에 대한 성취감 등 모든 인간이 갖고 있는 기본적인 욕구이다. 학생이 이러한 만족감을 느낄 수 있는 기회를 제공하여 흥미를 계발하도록 해야 한다.

둘째, 학생이 좋아할 만한 활동과 연결된 학습경험을 제공해야 한다. 예를 들어 학생의 정서를 자극할 만한 도구를 활용하거나, 학습활동이 사회적 상호작용 속에서 이루어지도록 해야 한다. 학습경험 그 자체로는 별다른 만족감을 주지 못하더라도 이를 다른 활동과 연결함으로써 정서적 효과를 불러일으키고 만족감을 느끼도록 해야 한다. 예를 들어, 독서에 별다른 흥미를 느끼지 못하는 학생도 독서 환경이 바뀌거나 흥미로운 활동과 연결된다면 독서에 흥미를 느낄 수 있다.

건강한 학생이 운동을 하는 이유는 더 건강해져야 한다는 목적 때문이 아니라 운동을 통한 신체적 만족감 때문이다. 아이들은 여러 가지 자유로운 활동이나 감각을 통해 즐거움을 느낀다. 아이들은 또한 호기심을 충족시키면서 배움의 즐거움을 얻는다. 따라서 아이들이 순수한 탐구 활동 자체에서 만족감을 느낄 수 있도록 해야 한다. 반대로 아이들이 탐구 활동에서 좌절감을 느끼거나 비웃음을 받거나 혐오스러운 경험을 한다면 흥미를 계발할 수 없게 된다.

가장 어려운 것은 학생들이 흥미를 느끼기 어려운 학습활동을 흥미롭게 만드는 것이다. 어떤 활동을 여러 번 반복한다고 흥미가 생기지 않는다. 흥미를 느끼게 하려면 새로운 접근법이 필요하다. 예를 들어, 학생들이 한 번도 경험해 보지 못했던 자료로 수업을 하거나, 학생들이 흥미를 느낄 만한 새로운 환경에서 학습활동을 진행해야 한다.

마. 결론

지금까지 네 가지 사례(사고력 계발, 정보 습득, 사회적 태도 계발, 흥미 계발)를 통해 교육목표 달성에 도움이 되는 학습경험에 대해 살펴보았다. 교육과정을 설계할 때는 각각의 행동 목표 유형에 대한 분석이 필요하다. 이 분석을 통해 행동 목표를 더욱 명확하게 할 수 있고 이에 필요한 학습경험을 선정할 수 있다.

하나의 목표를 달성하기 위해 여러 가지 학습경험이 활용될 수도 있고, 하나의 학습경험이 다양한 교육목표 달성에 활용될 수도 있다. 학습경험 선정이란 여러 가지 학습경험을 기계적으로 나열하는 것이 아니다.

학습경험 선정 과정에는 창의성이 필요하다. 교사는 교육목표를 수립한 후, 이에 필요한 학습경험을 떠올려 보거나 다른 교사의 사례를 살펴보면서, 자신이 할 수 있는 여러 가능성, 자신이 수행해야 할 수업 활동, 이용할 만한 자료 등을 모두 마음속에 그려보아야 한다. 어느 정도 윤곽이 잡히면, 어떤 학습경험이 가능할지 기술해야 한다. 이를 통해 잠정적인 방안이 마련되면 이것이 바람직한 교육목표에 맞는지 아래에 제시된 준거에 따라 검토해야 한다.

첫째, 선정된 학습경험을 통해 학생들이 교육목표에 제시된 행동 요소를 수행할 수 있고, 내용 요소를 경험할 수 있는지를 확인해야 한다. 둘째, 선정된 학습경험의 효과성을 검토해야 한다. 즉 학습경험을 통해 학생들이 만족감을 느낄 수 있을지 확인해야 한다. 그렇지 않다면, 바라는 학습 성과는 나타나지 않을 것이다. 셋째, 선정된 학습경험이 실제 가능한지 살펴보아야 한다. 학생들이 어느 정도 준비가 되어 있는지, 학생들이 수행할 수 있는 수준인지, 학생의 선입견이나 마음가짐을 바로잡을 가능성이 있는지 등을 검토해야 한다. 넷째, 선정된 학습경험의 경제성을 살펴보아야 한다. 즉 하나의 학습경험을 통해 여러 가지 교육목표를 달성할 수 있는지 확인해야 한다. 이러한 보편적 준거에 따라 학습경험을 검토하고 난 후, 개별적 교육목표에 따른 학습경험을 일반적인 원칙에 따라 구체적으로 검토해야 한다.

잠정적으로 선정한 학습경험이 이러한 준거를 충족한다면 다음으로는 구체적으로 교육과정을 설계해야 한다. 하지만 이 준거를 충족시키지 못한다면 처음부터 다시 계획을 세워야 한다. 이러한 과정을 통해 학습경험을 선정하면 준거에도 적합하면서도 창의적인 교육과정을 설계할 수 있다. 학습경험을 창의적이면서도 신중하게 선정해야 다음 단계인 학습경험 조직으로 나아갈 수 있다.

3.

학습경험을
효과적으로
조직하는
방법은
무엇인가?

지금까지 교육목표 달성에 도움이 되는 학습경험 선정과 그 특징에 대해 살펴보았다. 이제는 학습경험 조직에 대해 논의할 순서이다. 선정된 학습경험을 통합적 프로그램으로 조직해야 수업이 효과적으로 진행될 수 있다. 이를 위해서 학습경험을 단원, 과목, 교과 등으로 조직하는 절차를 알아야 한다.

(1) 조직의 의미

학생의 행동은 하루아침에 변하지 않는다. 학습경험 하나만으로 학생의 변화를 이끌 수는 없다. 사고방식, 기본적인 습관, 주요 개념, 태도, 흥미 등이 변화하려면 오랜 시간이 걸린다. 교육목표가 구체적으로 달성되려면 몇 개월에서 몇 년이 걸린다. 이는 물방울이 바위를 닳게 하는 것과 유사하다. 물방울이 바위에 떨어지더라도 며칠, 몇 주, 몇 달 안에 변화가 나타나지는 않는다. 하지만 몇 년이 지나면 바위에 뚜렷한 자국이 생기기 시작한다. 이와 마찬가지로 오랜 시간 동안의 교육적 경험이 쌓이고 쌓여야 비로소 학생의 변화가 나타나기 시작한다.

학습경험이 축적되어 효과를 나타내려면 이들이 서로 상승효과를 일으키도록 조직해야 한다. '조직'은 교육과정 개발에 있어서 매우 중요한 문제이다. 학습경험을 잘 조직해야 수업의 효과가 나타나고 학생의 교육적 변화가 일어나도록 할 수 있다.

학습경험을 조직할 때는 시간적 관계와 공간적 관계를 동시에 고려해야 한다. 이를 수직적 조직과 수평적 조직이라고 할 수 있다. 5학년 지리 과목과 6학년 지리 과목의 관계는 수직적 조직에 해당하고, 5학년 지리 과목과 5학년 역사 과목의 관계는 수평적 조직에 해당한다. 이 두 가지 관계는 학습경험이 서로 상승효과를 일으키도록 하는 데에 매우 중요하다. 5학년 지리 과목과 6학년 지리 과목의 내용이 잘 연계되어야 지리 학습이 그 깊이와 폭을 더할 수 있다. 5학년 지리 과목과 5학년 역사 과목이 잘 연계되어야 학생이 넓은 안목을 갖게 된다. 이와 반대로 학습경험이 서로 충돌하거나 연계가 되지 않는다면 학생들은 일상생활과는 동떨어진 내용, 교과와 교과가 분리된 단편적인 내용만 학습하게 된다.

(2) 효과적인 조직의 원리

학습경험을 효과적으로 조직하는 원리는 계속성continuity, 계열성sequence, 통합성integration 세 가지이다.

계속성이란 중요한 교육과정 요소를 수직적으로 반복하는 것이다. 예를 들어, 사회 교과 시간에 자료 읽기 능력을 계발하려면, 이를 연습할 수 있는 기회를 계속 반복해 주어야 한다. 다른 기능을 계발할 때도 그 기능을 계속해서 활용할 기회를 주어야 한다. 과학 교과의 교육목표가 에너지의 개념을 이해하는 것이라면, 과학 교과의 여러 분야에서 이 개념을 계속 다뤄야 한다. 이러한 계속성은 학습경험의 수직적 조직에서 중요한 요소이다.

계열성이란 계속성과 관련이 있으면서도, 계속성 그 이상의 원리이다. 교육과정 내용을 똑같은 수준에서만 반복한다면 이해, 기능, 태도 등을 발전시킬 수 없다. 계열성이란 학습경험이 단계적으로 넓어지고 깊어지면서 학습경험이 체계적으로 축적되는 것을 의미한다. 예를 들어, 사회 교과 시간에 자료 읽기 능력을 발전시키려면, 5학년 사회 교과 내용을 6학년에서 또다시 반복하는 것이 아니라, 그것을 확대하고 심화시켜 더 복잡한 자료를 읽고 분석하는 능력을 기르도록 해야 한다. 과학 교과에서는 에너지의 개념을 학년마다 다루되, 학생이 이 개념을 더욱 폭넓게 심화시켜 이해할 수 있도록 해야 한다. 계열성이란 단순한 반복이 아니라 학습경험의 단계적인 확대와 심화를 말한다.

통합성은 학습경험을 수평적으로 연결하는 것이다. 수평적 연결을 통해 학생들은 대상을 통합적으로 보게 되고, 배운 내용을 행동에 옮기게 된다. 예를 들어, 수학 교과 시간에 계산 능력을 익힌 후, 이를 사회 교과나 과학 교과에 적용하거나, 상점에서 물건을 살 때 활용하는 것이다. 그래야 이 기능이 교과 학습으로서만 끝나는 것이 아니라, 학생의 실제 생활에 활용되는 총체적인 역량이 될 수 있다. 이와 마찬가지로 사회 교과에서 배운 개념을 다른 교과의 학습활동에 연결해야 통합적인 관점, 기능, 태도를 형성할 수 있다.

이 세 가지 준거, 즉 계속성, 계열성, 통합성은 학습경험을 효과적으로 조직하는 원리가 된다. 이 원리에 따라 학습경험을 조직하려면 다음과 같은 문제를 고려해야 한다.

(3) 조직에 필요한 요소

학습경험을 효과적으로 조직하려면 조직에 필요한 핵심 요소를 찾아야 한다. 예를 들어, 수학 교과의 조직 요소는 주요 개념과 기능이다. 특히 수학의 주요 개념은 초급 과정부터 고급 과정까지 반복되어 제시되고 있다.

예컨대, '자릿값place value'이라는 개념은 덧셈, 뺄셈, 곱셈, 나눗셈을 이해하는 기본 개념이다. 이 개념이 4학년 단계에서는 비교적 낮은 수준으로 나오지만, 9학년이나 10학년 단계에서는 매우 높은 수준으로 나온다. 이처럼 자릿값 개념은 교육과정 조직의 계속성과 계열성을 이루는 요소가 된다. 이 개념은 상점에서 물건을 구매할 때나 사회 교과와 과학 교과에서도 활용될 수 있기에, 교육과정 조직의 통합성을 이루는 데에도 필요한 요소가 된다.

수학 교과에 필요한 주요 기능은 '공통 분수common fraction' 같은 문제를 해결하는 능력이다. 이는 7학년 단계에서는 비교적 단순한 기능이지만, 고등학교나 대학교에서는 활용도와 중요도가 높아진다. 따라서 이 기능도 학습경험 조직의 핵심 요소가 된다.

교육과정을 설계할 때 필요한 것은 이처럼 학습경험 조직의 구심점이 될 만한 요소를 확정하는 것이다. 다음은 뉴욕 Dalton 학교의 사회 교육과정위원회의 보고서 내용으로, 사회 교과 교육과정 조직에 필요한 요소를 제시한 사례이다.

"사회 교육과정위원회에서는 유치원, 초등학교, 중학교, 고등학교 사회 교과 교육과정의 계속성, 계열성, 통합성을 부여할 수 있는 요소를 개발하였다. 그리고 세 가지 공통 요소로 개념concept, 가치value, 기능skill을 제시하였다.

예를 들어, '인간의 상호 의존성'은 사회 교과 교육과정의 기본이 되는 개념이다. 유치원이나 초등학교 학생들은 친구들과 함께 점심 식탁을 차리면서 자기가 다른 친구와 상호 의존하고 있다는 점을 깨닫기 시작한다. 학생들은 또한 자기가 우유 배달부, 식품점

주인과 연결되어 있다는 것도 인식하게 된다. 고등학교 단계에는 상호 의존성 개념이 세계적 차원으로 확장되어, 자신이 전 세계 모든 나라 사람들과 경제, 사회, 정치, 사상, 예술 등 모든 분야에서 연결되어 있다는 것을 이해하게 된다.

가치와 관련된 예를 살펴보자. 예컨대, 학생들은 '모든 인간의 가치와 존엄성은 인종, 국적, 직업, 수입, 계급 등과 상관없이 존중되어야 한다.'라는 가치를 소중히 여겨야 한다. 이는 초등학교 단계에서는 친구를 존중하는 경험을 통해 익힐 수 있는 가치이고, 학교를 졸업한 이후에는 더욱 폭넓은 관계 속에서 깊이 있게 경험할 수 있는 가치이다.

기능과 관련된 예로, '사회에 대한 정보를 논리적으로 해석하는 능력'을 들 수 있다. 초등학교 학생은 간단한 자료를 접하면서, 편견과 자의적인 해석을 피하는 방법을 배워야 한다. 이후에는 좀 더 복잡한 자료를 접하면서 이를 심사숙고하며 해석하는 방법을 배워야 한다. 이는 사회 교과 교육과정의 계속성과 계열성을 형성하는 데에 도움이 된다.

이러한 요소는 통합적 교육과정을 조직하는 구심점이 된다. 예를 들어, 상호 의존성 개념은 사회 교과뿐만 아니라 예술, 과학, 언어, 체육 교과 등에서도 다루어야 할 개념이다. 모든 인간의 존엄성을 존중해야 한다는 것은 모든 교과에서 필수적으로 다루어야 할 가치이다. 사회에 대한 정보를 해석하는 능력은 과학이나 수학에서의 해석 능력, 문학 작품 해석 능력과도 연관이 된다. 따라서 이러한 개념, 가치, 기능은 사회 교과 교육과정의 계속성과 계열성, 그리고 여러 교과를 연계하는 통합성을 조직하는 구심점이 된다.

교사는 이 요소를 분석하여 자신의 수업에 어떻게 활용해야 하는지 연구해야 한다. 이를 통해 학교 교육과정의 통합성을 갖출 수 있고, 교육적 효과도 높일 수 있다."

사회 교과 교육과정의 공통 요소 목록 잠정안

A. 개념

1. 인간의 본성

    1.1. 인간에게는 기본적인 욕구가 있다. 모든 인간은 공통적 욕구가 있지만 이를 표현하거나 충족시키는 방법은 다양하다.

    1.2. 인간의 잠재적 동기는 자기 자신과 다른 사람에게 강력한 영향력을 행사한다. 이 중에서 중대한 사회적 영향을 미치는 것은 다음과 같다.

    1.21. 생존을 위한 투쟁

    1.22. 다른 사람보다 앞서나가려는 욕구

    1.23. 안전에 대한 추구

    1.24. 자유를 위한 투쟁

    1.25. 이상을 실현하려는 소망, 더 좋은 삶을 살고자

하는 열망

1.3. 인간의 말과 행동은 무의식적인 동기에서 나오는 경우가 많다.

1.4. 좌절감은 인간 삶에 부정적인 영향을 준다. 정신적 공황, 손해배상, 방어기제, 무능력감, 강박행동, 편견은 인간과 사회의 발전을 가로막는다.

1.5. 개인의 특성은 대부분 선천적으로 타고나지만, 중요한 특성은 후천적으로도 길러진다. 자아는 경험과 훈련을 통해 형성된다.

1.6. 인간은 무한정 배울 수 있다. 따라서 인간의 본성은 매일 변화한다.

1.7. 이상은 인류 진보의 원동력이 될 수 있다. 이를 위해 이상을 명확하게 제시하고, 끊임없이 재해석하고, 반복해서 적용해야 한다.

2. 인간과 물리적 환경

2.1. 공간은 인간 삶의 중요한 조건이다. 공간은 자원, 교통, 통신, 삶의 물리적 조건에 영향을 준다.

2.2. 시간은 인간 삶의 중요한 조건이다. 시작과 끝, 변화와 발전이 있으려면 시간이 필요하다.

2.3. 기후, 지형, 자원 등은 인간에게 깊은 영향을 준다. 개발, 자원의 활용과 보존은 인간의 삶, 미래 사회에 큰 영향을 미친다.

2.4. 인간은 물리적 환경의 영향을 받지만, 자신을 둘러싼 물리적 환경에 영향을 미치기도 한다.

3. 인간과 사회적 환경

3.1. 인간은 자신의 필요를 충족시키기 위해 사회 집단을 만든다.

3.2. 인간은 상호 의존적인 존재이다.

3.21. 자원 배분을 통해 상호 의존한다.

3.22. 노동의 전문화와 분업을 통해 상호 의존한다.

3.23. 개인의 노력에는 한계가 있으므로 상호 의존한다.

3.24. 애정에 대한 욕구, 사회적 소속에 대한 욕구, 다른 사람으로부터 인정을 받고자 하는 욕구를 충족하려면 상호 의존해야 한다.

3.3. 사회 집단은 관습, 문화, 문명 등을 형성하면서 공동체적 삶의 패턴을 발전시킨다.

3.4. 새로운 지식과 발명품이 증가하면 기존의 사회적 습관을 무너뜨릴 만한 이념과 기술이 등장한다. 이러한 변화에 적응하지 못하면 사회적 단절이 발생한다.

3.41. 사회는 기존 질서를 유지하려는 속성과 변화하려는 속성 모두를 지니고 있다. 이는 지극히 정상적이고 불가피한 것이며, 두 가지 모두 사회적 목표 달성에 필요하다.

3.42. 진보는 단선적으로 이루어지는 것이 아니라, 퇴

보와 중단의 과정을 거치기 마련이다.

3.43. 급격하고도 근본적인 단절은 진화가 아니라 혁명
이다.

    3.431. 지적 혁명

    3.432. 정치적 혁명

    3.433. 경제적 혁명(산업 혁명)

3.5. 사회가 효율적으로 운영되려면 개인의 욕구가 충족되
면서도 이를 사회적 목표에 생산적으로 통합시켜야 한
다. 따라서 사회는 다음과 같은 문제를 해결해야 한다.

    3.51. 자유와 규제의 조화

    3.52. 개인적 가치와 사회적 가치가 충돌할 때 이를 절
충하는 방법

    3.53. 개인과 사회에 필요한 윤리적, 도덕적 기준

    3.54. 개인의 삶과 사회적 삶에서의 종교의 위상

    3.55. 예술의 위상

    3.56. 전제적, 귀족적, 독재적 사회와 반대되는 민주적
사회

3.6. 재화와 용역을 생산하고 분배하는 사회 집단에는 다
양한 형태가 있으며 이를 둘러싼 쟁점이 있다.

    3.61. 유목민의 삶

    3.62. 농업과 가내 수공업

    3.63. 중세 장원제도

3.64. 중상주의

3.65. 자본주의

3.66. 사회주의

3.67. 독과점 경제

3.7. 정치조직과 경제조직은 서로 영향을 주고받는다. 여기
에도 다양한 형태와 이를 둘러싼 쟁점이 있다.

3.71. 가부장제 부족

3.72. 도시국가

3.73. 봉건제도

3.74. 기독교 국가

3.75. 민족주의와 제국주의

3.76. 민주주의

3.77. 공산주의

3.78. 파시즘

3.8. 사회 집단이 원활하게 작동하려면 새롭게 변화해 가
야 한다.

B. 가치

1. 자기에 대한 태도

1.1. 자기애self-love에서 벗어나 자기 존중self-respect으로
나아가기; 자신을 있는 그대로 받아들이고 자신의 가
치를 있는 그대로 인정하기

1.2. 자기에 대해 진실해지기, 정직해지기, 솔직해지기; 자기를 객관적으로 바라보기

1.3. 미래에 대해 희망 품기

1.4. 기꺼이 위험을 감내하기; 사명감, 개혁 의지, 원정 떠나기

1.5. 다른 사람에게 기대어 살기보다 다른 사람에게 기여하고자 하는 마음 갖기

2. 타인에 대한 태도

2.1. 인종, 국적, 사회 경제적 지위와 관계없이 모든 인간의 존엄과 가치를 존중하기

2.2. 인간의 다양성, 사상의 다양성을 존중하기

2.3. 모두를 위한 기회균등

2.4. 관용, 호의, 친절

2.5. 모두를 위한 정의

3. 사회에 대한 태도

3.1. 사회 질서를 지키기

3.2. 사회적 책임감 지니기

3.3. 자신의 이해관계가 걸린 문제에 대해 사회적 합의와 판단을 개방적으로 받아들이기

3.4. 자기에게 솔직해지려는 마음과 사회적 문제에 참여하려는 마음 사이에 균형점 찾기

3.5. 국가가 하는 일에 대해 무조건 충성하기보다 사회적

으로 중요한 목표에 충실해지기

    3.6. 세계 모든 사람의 삶의 질을 풍요롭게 하는 일에 기꺼이 참여하기

4. 지적 가치와 미적 가치

    4.1. 진리가 자신을 불편하게 만들더라도 진리를 사랑하기

    4.2. 수고롭지만 성취할 만한 가치를 존중하기

    4.3. 사상의 자유, 표현의 자유, 신앙의 자유 존중하기

    4.4. 예술, 생태계, 인간 삶의 아름다움을 사랑하기

    4.5. 더불어 사는 삶의 방식으로서, 폭력보다 합리적 절차를 존중하기

C. 기능, 능력과 습관

1. 문제 해결 능력

2. 자료 수집 능력

    2.1. 신뢰할 만한 자료 출처를 선택하는 능력

    2.2. 주의 깊게 관찰하고, 정중하게 경청하는 능력

    2.3. 비판적 읽기 능력

    2.4. 중요한 사실과 그렇지 않은 사실을 구별하는 능력

    2.5. 기록하는 능력

    2.6. 도표, 그래프, 목록, 지도 등을 읽는 능력

3. 정보를 조직하고 해석하는 능력

    3.1. 개요를 작성하는 능력

3.2. 요약하는 능력

3.3. 논리적으로 해석하는 능력

4. 연구 결과를 보고하는 능력

4.1. 명료하고, 논리적이고, 흥미로운 논문을 작성하는 능력

4.2. 보고서를 발표하는 능력

4.3. 참고문헌을 작성하는 능력

4.4. 도표, 그래프, 목록, 지도 등을 그리는 능력

4.5. 서평을 쓰는 능력

5. 독자적으로 사고하는 능력

6. 논쟁과 선전 선동을 분석하는 능력

7. 공동 작업에 효과적으로 참여하는 능력

8. 시간을 계획적으로 활용하는 등 좋은 습관을 기르는 능력

9. 사회적 현상을 분석하는 능력, 다른 사람의 동기와 욕구를 알아차리는 능력

10. 계획된 활동의 결과를 예측하는 능력

"이 요소는 발달 단계에 맞게 제시된 것이다. 이 개념, 가치, 기능을 학생의 발달 단계에 적합한 방식으로 소개해야 한다.

이 요소 하나하나가 독립된 수업 목표는 아니다. 좋은 수업은 여러 요소를 잘 통합한 수업이다. 하나의 학습경험을 통해서도 다양한 요소를 학습할 수 있다. 학생은 그 학습경험을 통해 다양한

개념을 깊이 이해하고, 사회 문제에 대한 관심을 키우고, 이를 학습하는 방법을 익히게 될 것이다. 위에 제시된 요소는 각각 학습경험을 짜나가는 한 가닥의 실이다. 이를 실제로 엮어가는 것은 수업을 통해서 이루어진다. 이 보고서가 더 좋은 옷을 짜는 데에 도움이 되기를 바란다."

이 보고서는 교육과정 설계의 기초가 되는 요소가 무엇인지 구체적인 예를 통해 보여주고 있다. 교육과정 조직의 기초가 되는 요소는 개별적인 사실이나 습관이 아니라, 오랜 시간을 들여 다양한 분야에서 길러야 하는 것, 장기적인 안목에서 볼 때 중요한 의미를 갖는 것이어야 한다. 교육과정을 설계할 때는 개별 교과뿐만 아니라 전체 교육과정에 필요한 요소를 확인해야 한다. 그리고 그 요소가 계속성, 계열성, 반복성을 이루도록 조직해야 한다. 즉 이 요소들이 수업을 통해 폭과 깊이를 더해갈 수 있도록 해야 한다.

(4) 조직의 구성 원리

학습경험을 계속성, 계열성, 통합성의 원리에 따라 조직해야 하고, 이를 조직하는 구심점이 무엇인지 확인해야 한다. 나아가 학습경험을 씨줄과 날줄처럼 엮는 원리가 무엇인지 알아야 한다.

예를 들어, '인간의 상호 의존성'이라는 개념은 초등학생이 자기가 부모님이나 우유 배달부 등 다른 사람에게 의존하고 있다는 점을 깨달으면서 형성할 수 있다. 그렇다면 무엇을 통해 이 개념의 깊이와 폭을 더하여 계열성과 통일성을 이룰 수 있을까?

우선, 자신이 의존하고 있다고 생각하는 사람의 범위를 넓혀야 한다. 예를 들어, 상호 의존성의 개념을 다른 도시, 다른 주, 다른 나라 사람으로 넓힐 수 있다. 다음으로, 사람이 서로 연결되어 있는 분야를 다양하게 보여주어 상호 의존성의 개념을 넓힐 수 있다. 예를 들어, 경제 분야, 사회 분야, 예술 분야 등에서의 상호 의존성 등을 이해하도록 해야 한다. 이 두 가지 방법은 학습경험을 연결하는 좋은 예가 될 수 있다. 학습경험 조직은 교육과정 주요 요소의 폭과 깊이를 더해가는 방식으로 이루어져야 한다.

계속성, 계열성, 통합성 등 학습경험 조직의 원리는 학습 내용을 이미 잘 알고 있는 사람의 입장에서가 아니라 아직 잘 모르는 학생의 입장에서 적용되어야 한다. 계속성의 원리는 학생의 경험이 반복해서 일어나도록 하는 것이고, 계열성의 원리는 그 경험의 폭과 깊이가 더해가도록 하는 것이고, 통합성의 원리는 이와 관련된 경험이 여러 분야에서 일관되게 나타나도록 하는 것이다. 다시 말해, 학습경험 조직을 통해 학생에게 심리적 효과가 실제로 나타나도록 해야 한다.

학습경험을 논리적으로 조직하는 것logical organization과 심리적으로 조직하는 것psychological organization은 어떤 차이가 있는지에 대해 오랫동안 논의가 이루어져 왔다.[7] 교과 전문가의 입장에 따른 학습경험 조직 방식과 학생의 입장에 따른 학습경험 조직 사이에는 분명한 차이가 있다. 학습경험을 논리적으로 조직하는 것은 전문가의 입장에 따른 것이고, 학습경험을 심리적으로 조직하는 것은 학생의 발달 단계에 따른 것이다. 물론 이 두 가지가 일치할 수도 있지만, 첨예하게 다를 수도 있다.

학교 교육과정에 가장 흔하게 사용되는 조직 방식은 연대기적 조직 방식이다. 역사 교육과정은 대부분 이런 방식으로 되어 있기 때문에, 학생들은 역사적 사건을 시간의 흐름에 따라 배우게 된다. 이러한 연대기적 방식은 문학, 사회, 예술 분야에서도 쉽게 활용되는 조직 방식이다. 하지만 이것이 정말로 학습경험의 폭과 깊이를 더해가도록 하는 심리적 조직 방식인지는 검토할 필요가 있다. 학습경험을 연대기적으로 조직하는 방식은 학생의 심리적 관점에서 볼 때 그다지 바람직하지 않다.

학습경험을 연대기적으로 조직하는 방법 이외에 다른 조직 방법도 있다. 적용의 범위를 넓히거나, 학습활동의 범위를 확대하

---

7. 역자 주: 이 두 가지 개념을 엄밀하게 구분한 학자는 듀이(J. Dewey)이다. 기하학이나 물리학의 추상적인 개념도 인간의 구체적인 경험으로부터 논리적으로 도출된 것이다. 이런 개념이 체계화된 것이 학문이고, 이를 교육과정으로 구체화한 것이 수학, 과학 등의 교과이다. 하지만 이 교과를 학생에게 제시할 때는 학문적 언어만으로 제시하는 것이 아니라 학생이 이를 자신의 구체적인 경험과 연결하여 이해할 수 있도록 제시해야 한다. 예를 들어 학생들이 일상적인 경험에서 수학적 법칙, 과학적 법칙을 이해하고 탐구하도록 해야 한다. 듀이는 이처럼 추상적인 교과를 학생의 심리적 경험과 연결하는 과정을 '교과의 심리화'라고 불렀다.

거나, 분석한 결과를 써보도록 하거나, 추상적인 원리를 구체적인 사례를 통해 설명하도록 하거나, 부분과 전체를 연결하여 대상을 통합적으로 바라보도록 하는 방법 등이 있다. 이처럼 학습경험을 조직하는 방법은 매우 다양하므로, 교육과정을 개발할 때는 여러 가지 방법을 시도해 보고, 무엇이 학습경험 조직의 계속성, 계열성, 통합성을 구현하는 데에 적합한지 결정해야 한다.

(5) 조직의 구조

지금까지 학습경험을 효과적으로 조직하는 방법에 대해 알아보았다. 이제는 학습경험의 조직 구조를 살펴보고자 한다. 학습경험의 조직 구조는 여러 층위로 구성되어 있다.

학습경험 조직 구조를 거시적 층위에서 보면, ① 지리, 대수, 역사, 작문 등 세부 과목specific subject, ② 사회, 언어, 수학, 과학 등 광역 교과broad field, ③ 교과와 교과 혹은 과목과 과목의 경계를 넘나들도록 결합한 중핵 교육과정core curriculum[8], ④ 보이 스카

---

8. 역자 주: '중핵 교육과정'은 학교 현장에서 흔히 '통합 교육과정'이라고 부르는 형태와 유사하다. 여기서 말하는 중핵(core)은 여러 교과를 통합하는 중심, 핵심을 의미한다. 중핵 교육과정에는 ① '교과 중심 중핵 교육과정 – 특정 교과의 내용을 중심으로 여러 교과를 통합하는 교육과정', ② '아동 중심 중핵 교육과정－학생의 실제 경험을 중심으로 여러 교과를 통합하는 교육과정', ③'사회 중심 중핵 교육과정－사회적 쟁점을 중심으로 여러 교과를 통합하는 교육과정'이 있다.

우트나 수련 활동과 같은 비교과 프로그램 등이 있다.

학습경험 조직 구조를 중간 층위에서 보면, ① 사회Ⅰ, 사회Ⅱ, 사회Ⅲ처럼 계열화된 과목sequence, ② 학기 혹은 학년 단위로 설계된 개별적인 과목unit이 있다. 이는 10학년 고대사 과목, 11학년 중세 유럽사 과목, 12학년 미국사 과목처럼 각각의 과목이 개별적인 위상을 갖는다. 8학년 산술arithmetic 과목을 토대로 9학년 대수algebra 과목이 개발되는 것이 아니고, 9학년 대수algebra 과목을 토대로 10학년 기하geometry 과목이 개발되는 것이 아니기 때문에, 이 과목들은 계열화된 과목sequence이 아니라 개별적인 과목unit에 해당한다.

학습경험 조직 구조를 미시적 층위에서 보면 다음과 같다. ① 가장 널리 쓰이는 구조는 '차시lesson'이다. 차시는 하루 안에 진행되며, 각각의 차시는 다른 차시와는 구분되는 개별적인 단위이다. ② 다음으로 흔히 쓰이는 구조는 '화제topic'[9]이다. 이는 며칠 혹은 몇 주 동안 지속되는 단위이다. ③ 세 번째 구조는 '단원unit'이다. 단원은 보통 몇 주 동안 지속되면서 학습 문제 혹은 학습 목표별로 조직된다.

이러한 조직 구조 방식의 장단점을 살펴보아야 한다. 개별 차시, 개별 주제, 학기별 혹은 학년별 과목 등의 조직 방식은 학습경험의 계속성continuity과 계열성sequence의 측면에서 볼 때 수직적

---

9. 이 용어에 대해서는 각주 3 참고.

연계를 이루지 못하고 있다. 수직적 연계를 형성하려면 각각의 과목을 커다란 프레임워크framework[10] 속에 교과 단위로 묶어 몇 년 동안 운영해야 한다.

반대로, 조직 구조가 지나치게 세부 요소로 나뉘어 있으면 학습경험의 통합성integration을 형성하기 어렵다. 각각의 구성 요소를 더 큰 형태로 통합하고자 하여도, 구성 요소 간의 관련성을 찾아 이를 연결하기 어렵기 때문이다. 예를 들어, 초등학교 교육과정에 15~16가지 세부 주제를 나열하는 것보다, 이를 언어 예술 교과, 사회 교과, 체육 교과, 보건 교과 등 4~5가지 광역 교과로 조직하는 것이 학습경험의 통합성을 형성하기에 좋다. 또한 교과 간 경계가 서로 넘나들 수 있도록 중핵 교육과정core curriculum을 조직하면 학습경험의 통합성을 형성하기가 더더욱 수월해진다.

교과와 삶을 연계하려면, 학생이 배운 것을 실제 삶의 문제, 혹은 이와 유사한 상황에 적용하는 기회를 자주 제공해야 한다. 이를 위해서는 협소한 단원, 과목, 주제의 장벽을 가로질러 더 넓은 범위, 즉 교과 단위나 중핵 교육과정을 조직해야 한다.

또한, 하루의 일과를 세부 단위로 쪼개어 시간표를 만드는 것보다는 세부 단위를 커다란 블록 단위 시간으로 묶어가는 조직 방식이 바람직하다. 이와 반대로, 하루의 일과를 전혀 나누지 않는

---

10. 역자 주: 프레임워크(framework)는 '교육과정 설계의 틀' 정도로 번역할 수 있다. 하지만 최근에 '교육과정 프레임워크'라는 용어가 일반적으로 사용되기 때문에, 이 용어를 그대로 사용하였다.

것도 문제가 있다. 학생이 다양한 역량을 가진 교사를 두루 만날 수 있도록 하루의 일과를 나누어야 한다. 학생은 한 가지 학습활동만 하면 싫증을 느낀다. 따라서 학생이 하루 중 다양한 학습활동을 하도록 하루의 일과를 나누어야 한다. 그리고 이러한 다양성을 보장할 수 있도록 하루의 일과를 적절하게 구분해야 한다.

(6) 조직 설계의 방법

지금까지 학습경험을 효과적으로 조직하는 원리에 대해 알아보았다. 이제는 교육과정을 조직적으로 설계하는 방법에 대해 살펴보기로 하자.

교육과정을 조직적으로 설계하는 방법은 대체로 다음과 같은 단계를 거치게 된다. ① 먼저 전반적인 틀을 결정해야 한다. 즉, 세부 과목specific subject, 광역 교과broad field, 중핵 교육과정core program 중 무엇을 활용할지를 합의해야 한다. ② 각 교과에 적용할 일반적인 조직 방식을 합의해야 한다. 예를 들어, 수학 교과에서는 대수, 산술, 기하를 순서대로 다루는 것이 아니라, 대수, 산술, 기하를 통합적으로 반복하자는 원칙을 합의해야 한다. 사회 교과에서는 여러 원리를 연대기적으로 다루는 것이 아니라, 사회적 쟁점의 범위를 점점 확대하며 다루자는 원칙을 합의해야 한다. ③ 미시적 층위에서는 차시lesson, 화제topic, 단원unit 중 어떤 단위를 사용할 것인지를 합의해야 한다. ④ 특정 학생들에게 활용할 만한 융통성 있는 교육과정, 혹은 '자료 단원source unit'[11]을 개발해야 한다. ⑤ 특정 학생들의 학습활동을 도와줄 또래 교사 활용 계획을 세워야 한다. 이러한 흐름으로 교육과정을 조직하는 것이 유용하다.

교사가 융통성 있게 활용할 교육과정 혹은 '자료 단원'을 개발하는 목적은 특정 학생을 위한 학습자료를 미리 준비하기 위한 것이다. 그래야 교사가 이를 특정 학생의 필요, 흥미, 능력에 따라 융통성 있게 사용할 수 있다. 그 학생에게 적합한 학습활동을 다양하게 준비하고, 학생이 직접 이를 선택할 수 있도록 해야 한다.

여기에는 학습경험을 통해 도달해야 할 교육목표가 진술되어 있어야 하고, 이 교육목표에 도달할 수 있는 다양한 학습경험이 서술되어 있어야 한다. 또한, 학생이 배운 것을 통합적으로 적용하도록 하는 학습활동이 제시되어 있어야 하고, 다양한 자료(서적, 참고 자료, 슬라이드, 라디오 프로그램, 그림, 녹음자료 등)가 제시되어 있어야 한다. 그리고 중복되는 요소가 없도록, 과도한 생략이나 비약이 없도록, 적정한 수준의 교육과정을 개발해야 한다.

단원과 관련된 학습활동을 제시하는 것도 중요하지만, 학생

---

11. 역자 주: 원문에 나온 'source unit'는 최근에는 거의 사용되지 않는 용어이다. 이어지는 문맥을 고려해 볼 때, 이는 배움에 어려움을 겪는 학생을 위한 기초 자료, 충분히 배움을 익힌 학생을 위한 심화 자료 등 여러 가지 자료가 다양하게 제시된 단원으로 해석할 수 있다.

개개인을 배려하며 이들이 흥미와 관심을 잃지 않도록 하는 것이 더욱 중요하다. 그리고 이를 위해 다양한 유형의 자료, 즉 언어적 자료뿐만 아니라 비언어적 자료도 준비해야 하고, 학교 안에서 사용할 만한 자료뿐만 아니라 가정이나 여행지, 공동체 활동 등에서 활용할 만한 자료도 준비해야 한다. 그리고 학생이 이러한 다양한 활동을 하면서 이를 하나로 통합된 의미로 받아들이게 해야 한다. 그래야 학생이 자신의 이해, 태도, 행동을 통합하는 데에 도움이 된다.

'자료 단원'을 조직하는 명확한 방법은 없다. 어떤 단원은 '핵심 아이디어big idea'를 중심으로 조직될 수 있고, 과학 교과나 사회 교과의 단원은 탐구 문제를 중심으로 조직될 수 있다. 예술 교과는 대체로 실습을 중심으로 조직되겠지만, 때로는 작품 감상 경험을 중심으로 조직될 수도 있다. 이처럼 자료 단원을 효과적으로 개발하려면 다양한 상상력을 발휘해야 한다.

자료 단원을 미리 계획할 수도 있지만, 수업이 실제로 진행되는 과정에서 이를 만들 수도 있다. 특히 다양한 배경, 흥미, 필요가 있는 학생들을 배려해야 한다. 따라서 교사가 교육과정을 개발할 때 학생을 참여시켜야 학생의 동기를 유발할 수 있고, 학생이 자신의 학습경험을 더 깊이 이해하며 의미를 부여할 수 있게 된다. 교사와 학생이 함께 교육과정을 개발할 때, 교사가 사전에 미처 계획하지 못했던 것을 학생이 발견하여 이를 추가할 수 있다. 이처럼 다양한 배경을 가진 학생이 교육과정 개발에 참여하면, 교사가 혼자 계획한 교육과정과는 달리 포괄적인 자료를 담아낼 수 있다.

　　이처럼 교육과정 조직을 설계하는 방법에는 사전에 설계하는 방법도 있고 교육과정 운영 중에 만들어 가는 방법도 있다. 학생이 다양한 학습경험을 통해 좋은 효과를 지속해서 얻으려면, 두 가지 방법을 포괄해야 한다.

4.

교육목표에
도달했는지
어떻게
평가해야
하는가?

지금까지 교육목표의 수립, 학습경험의 선정, 학습경험의 조직에 대해 살펴보았다. 이로써 교육과정 개발 절차에 대한 분석은 마무리된 것으로 볼 수 있다. 여기까지 작업을 하면 학교에서 일상적으로 운영해야 하는 교육과정을 개발할 수 있지만, 이것이 전부는 아니다. 평가 역시 교육과정 개발에서 매우 중요한 작업이다.

(1) 평가의 필요성

앞에서 우리는 학습경험 선정의 원리, 학습경험 조직의 원리가 무엇인지 살펴보았다. 이 원리에 따라 학습경험을 선정하여 조직했다면, 그 학습경험은 이미 사전 평가를 통과한 셈이다. 이를 사전 단계의 평가 혹은 중간 단계의 평가라고 할 수 있다. 다시 말해, 교육목표와 관련된 학습경험이 선정되었는지, 학습심리학의 원리에 맞게 학습경험이 조직되었는지를 평가한 셈이다.

그러나, 이것만으로 학습경험이 실제 수업에 적합하도록 설계되었는지를 확인하기는 어렵다. 앞에서 제시한 학습경험 선정의 원리는 바람직한 학습경험이란 무엇인지 그 일반적인 특징만 알려줄 뿐, 바람직한 수업이 이루어지는 구체적인 조건까지 알려주지는 못하기 때문이다.

또한, 선정된 학습경험을 통해 실제로 어떤 효과가 나타날지 정확히 예측하기도 어렵다. 실제 수업을 진행하다 보면 학생의 특성, 수업의 맥락, 교사의 수업 설계 능력, 교사의 개인적 특성에 따라 다양한 변수가 발생하기 마련이다. 사전에 설계된 계획에 따라 수업이 실제로 진행되는 경우는 거의 없다. 그러므로 계획에 따라 수업이 진행되고 원하는 결과가 나타났는지를 포괄적으로 점검할 필요가 있다. 이것이 교육과정 계획을 수립하여 운영한 이후에 평가를 진행해야 하는 이유이다.

평가는 계획된 학습경험이 실제로 바람직한 결과를 도출했는지를 알아보는 과정이자, 그 계획의 장단점을 확인하는 과정이다. 평가는 수업 설계의 토대가 된 가설의 타당성, 그리고 실제 수업에 사용된 도구, 교사나 수업 환경의 효과성을 확인하는 과정이다. 평가를 통해, 교육과정의 어떤 측면이 효과적이었고 어떤 측면이 개선되어야 하는지를 알 수 있다.

(2) 평가의 기본 개념

평가란 교육목표가 교육과정과 수업을 통해 어느 정도 실현되었는지를 확인하는 과정이다. 교육의 목표는 학생 행동의 바람직한 변화이기 때문에, 평가는 이러한 행동 변화가 실제로 어느 정도 일어났는지를 확인하는 과정이다.

위에서 언급한 평가의 개념은 다음 두 가지 중요한 의미를 지닌다. 첫째, 교육의 목표는 학생 행동의 변화이기 때문에, 평가를 통해 학생의 행동을 분석할 수 있어야 한다. 둘째, 평가는 두 번 이상 이루어져야 한다. 학생에게 어떤 변화가 이루어졌는지를 확인하려면, 사전 평가를 한 이후 어떤 변화가 이루어졌는지 사후 평가를 해야 한다.

따라서 수업 프로그램이 끝난 시점에서 학생을 테스트하는 것만으로는 그 프로그램을 제대로 평가할 수 없다. 학생의 출발점을 확인하지 않고서는 학생의 변화가 어느 정도 나타났는지 알 수 없는 것이다. 학생이 수업 이전부터 수업 내용에 대한 지식을 많이 갖고 있었을 수도 있고, 수업 이전에는 아무것도 알지 못했으나 수업을 통해 많은 것을 배웠을 수도 있다. 따라서 프로그램 초기에 이루어지는 평가와 프로그램이 끝난 후에 이루어지는 평가 두 가지가 있어야 한다. 그래야 학생의 변화를 측정할 수 있다.

그러나 이 두 가지 평가만으로도 부족하다. 왜냐하면, 교육 프로그램을 통해 교육목표에 도달했다 하더라도, 시간이 지나면서 이를 망각하는 경우가 있기 때문이다. 따라서 배움이 오랫동안 지속되는지 확인하려면, 교육 프로그램이 끝난 후 어느 정도 시간이 지나서 이를 다시 평가할 필요가 있다. 졸업생을 대상으로 진행하는 추적 연구follow-up study가 이의 좋은 사례이다. 학생이 학교에 다니는 동안 지속적인 평가를 시행하고 그 결과를 축적해야, 학생에게 바람직한 변화가 일어나 교육목표에 도달했는지를 확인할 수 있다.

평가는 교육목표에 따른 행동 변화의 증거를 수집하는 과정이다. 따라서 이를 효과적으로 증명할 수 있는 평가 도구를 사용해야 한다. 사람들은 보통 평가라고 하면 지필평가paper and pencil test만 생각한다. 물론 지필평가도 몇몇 영역에 대한 증거를 수집하는 도구가 될 수 있다. 예를 들어, 서술형이나 선다형 등 지필평가를 통해 학생의 지식 습득 여부를 확인할 수 있다. 또한 지필평가는 어휘력, 읽기 능력 등 언어적 능력을 확인하는 데에 유용한 도구가 될 수 있다.

그러나 지필평가로는 확인하기 어려운 영역이 훨씬 더 많다. 예를 들어, 어떤 학생의 사회적 적응 능력을 평가하려면 그 학생이 사회적 관계 속에서 활동하는 모습을 직접 관찰해야 한다. 관찰observation, 면접interview, 설문지questionnaire 등은 학생의 태도, 흥미, 활동 등에서의 변화를 확인하는 데에 좋은 평가 방법이다.

학생들이 만든 산출물product을 확인하는 것도 학생의 행동을 평가하는 데에 유용하다. 예를 들어, 학생이 쓴 보고서를 보면 그 학생의 작문 능력을 확인할 수 있고, 학생이 미술 시간에 그린 그림을 보면 그 학생의 미술에 대한 흥미와 기능을 확인할 수 있다. 작업실이나 의상실에서 만든 작품도 이러한 예에 해당한다.

그 밖의 여러 기록물도 교육목표에 대한 학생의 행동과 흥미를 알려주는 증거가 될 수 있다. 예를 들어 도서 대출 기록을 통해 독서에 대한 흥미가 어느 정도인지 알 수 있다. 카페테리아 식당에서 메뉴를 고르는 것을 보면 식습관에 대해 알 수 있다. 건강 기록부를 통해 운동을 어느 정도 하는지 알 수 있다.

이러한 사례는 학생 행동의 변화에 대한 증거를 얻는 다양한 방법에 해당한다. 이처럼 평가의 방법은 매우 다양하다. 교육목표와 관련된 행동의 변화를 알려주는 타당한 증거라면 무엇이든지 평가의 방법으로 활용될 수 있다.

표집sampling은 평가의 주요 개념 중 하나이다. 표집이라는 개념에는 여러 의미가 담겨 있다. 예를 들어, 표본을 통해 얻은 자료로 학생의 특징 전체를 추정할 수 있다. 학생의 글쓰기 능력을 평가하기 위해 그가 쓴 글을 모두 모을 필요는 없다. 그가 쓴 글 중 적절한 표본만 검사해도 그의 글쓰기 능력 일반을 평가할 수 있다. 이와 마찬가지로, 학생의 지식을 평가하기 위해 그가 배운 사실, 원리, 개념을 모두 물어볼 필요는 없다. 이 중 일부를 질문하는 것으로도 그 학생의 지적 수준 전반을 추론할 수 있다. 이 원리는 학생의 지식, 정서, 태도, 흥미 등 모든 영역에 해당한다. 특정 상황에 나타난 행동만 평가해도 그의 행동 특징을 전반적으로 추론할 수 있다.

표집은 학생 개인을 평가할 때뿐만 아니라 교육과정이 학생 집단에 얼마나 효과적인 영향을 미쳤는지를 평가할 때도 사용된다. 교육과정의 효과성을 알아보기 위해 모든 학생의 반응을 조사할 필요는 없다. 표집이 정확하게 이루어졌다면 그 결과는 모든 학생을 대상으로 한 평가 결과와 별다른 차이가 없을 것이다. 따라서 시간이 오래 걸리는 면접을 할 때 너무 많은 학생을 대상으로 할 필요가 없다. 추적 연구follow-up study를 할 때도, 전체 졸업생을 대표할 만한 일부 학생을 연구함으로써 학습 효과의 지속성에 대한 결론을 도출할 수 있다.

평가 프로그램 개발의 기본 원리는 다음과 같다. 물론 다른 원리도 있겠지만 여기에 제시된 원리가 가장 중요하다. 이 원리가 무엇인지 평가의 절차를 언급하면서 알아보기로 하자.

(3) 평가의 절차

가. 교육목표 확인

평가의 첫 번째 절차는 평가는 교육목표를 확인하는 것이다. 평가의 목적은 교육목표가 어느 정도 달성되었는지를 확인하는 것이다. 따라서 교육목표를 확인하고 이와 관련된 행동이 실제로 이루어졌다는 증거를 확인하는 절차가 필요하다. 예를 들어, 교육목표가 현대 사회 문제에 대한 지식을 이해하는 것이라면, 평가를 통해서 학생들이 그러한 지식을 이해했다는 증거를 확보해야 한다. 만약 교육목표가 사회 문제를 분석하고 문제 해결 방안의 타당성을 검증하는 것이라면, 평가를 통해 사회 문제를 분석하는 능력이나 해결 방안을 검증하는 능력이 있다는 것을 확인해야 한다.

따라서, 교육목표 이원분류표는 학습경험 선정을 위한 기본 자료이기도 하고 평가를 위한 기본 자료이기도 하다. 교육목표 이원분류표는 평가의 절차를 설계하는 데에 도움이 된다. 여기에 제시된 행동 목표 목록은 학생이 그 행동을 어느 정도 익혔는지를 알려주는 지표이고, 내용 목표 목록은 그 행동과 관련해 수집해야 할 내용이 무엇인지를 알려주는 지표이다.

예를 들어, "사회 문제에 대한 지식을 습득한다"라는 교육목표에 따라 교사는 학생이 지식을 얼마나 습득했는지 행동 목표를 평가해야 하고, 그것이 사회 분야의 지식인지 내용 목표를 평가해야 한다. "문학에 대한 흥미를 계발한다"라는 교육목표에 따라 교사는 학생이 흥미를 얼마나 계발했는지 행동 목표를 평가해야 하고, 그것이 문학 분야에 대한 흥미인지 내용 목표를 평가해야 한다. 이처럼 교육목표 이원분류표는 교육과정 평가의 안내 지침과 같은 역할을 한다.

교육과정 설계자는 이러한 교육목표를 명확히 제시했을 것이다. 그리고 교육목표에 따라 학습경험을 선정하고 조직했을 것이다. 만약 교육목표가 명확하게 제시되어 있지 않다면, 평가 계획을 수립하기 위해서라도 이를 다시 한번 명확히 해야 한다. 행동 목표가 분명하게 제시되어 있지 않다면 어떤 행동을 평가해야 교육목표 도달 여부를 확인할 수 있는지 명확히 알 수 없다. 평가 계획을 수립하면서 불명확했던 교육목표를 다시 명확하게 제시하라는 압력을 행사할 수 있다. 교육목표를 분명하게 정의하는 것이 평가에서 가장 중요한 절차 중 하나이다.

나. 평가 상황 형성

평가의 두 번째 절차는 교육목표 도달 여부를 확인하려면 학생에게 어떤 상황을 제시해야 하는지 확인하는 것이다. 학생이 행동 목표에 도달했는지 확인하는 유일한 방법은 학생이 실제로 그 행동을 해 볼 기회를 주는 것이다. 또한 그 행동을 하도록 격려하는 환경을 조성해야 한다. 그렇게 해야 교육목표에 어느 정도 도달했는지를 관찰할 수 있다.

학생이 행동 목표를 수행하는 상황을 형성하는 것이 쉬울 수도 있다. 예를 들어 학생에게 질문을 던지고 이에 대한 자기 생각을 말하도록 함으로써, 학생의 지식이나 언어 자료를 다루는 능력 등을 확인할 수 있다. 하지만 교육목표는 매우 광범위하므로, 평가 상황 역시 매우 다양하게 형성해야 한다. 학생이 어떻게 사회적 적응 능력을 발달시켜 가는지를 확인하려면, 학생들이 다른 학생들과 상호작용을 할 수 있는 기회를 마련해 주어야 한다. 예를 들어 유치원 아이들의 사회적 적응 능력을 확인하려면 유치원에서 서로 어울려 놀이를 하고 학습을 하는 과정을 관찰해야 한다. 또한 학생에게 무언가를 선택할 수 있는 상황을 마련해 주고 학생이 무엇에 흥미를 느끼는지 살펴볼 수도 있다. 그렇게 하면 학생은 자신의 흥미를 자유롭게 표현하게 될 것이다. 만약 학생의 언어 표현 능력을 알아보려면, 언어적 표현을 자극하는 상황을 만들어야 한다.

평가의 원칙은 단순하다. 평가를 실시하려면 평가 상황을 만들어야 한다. 평가 상황이란 평가의 대상이 되는 행동을 학생이 실제로 해 보도록 하는 상황이다. 이처럼 평가의 원칙은 간단하지만, 학생을 평가할 만한 상황을 만드는 것은 결코 쉬운 일이 아니다. 따라서 평가 전문가가 해야 할 역할은 평가의 목적을 달성할 수 있으면서도 복잡하지 않은 상황을 만드는 것이다.

다. 평가 도구 개발

평가의 세 번째 절차는 평가 도구를 마련하는 것이다. 교육목표를 명확히 하고, 교육목표에 따른 행동을 표현할 수 있는 상황을 마련한 다음에는, 평가에 활용할 만한 도구가 무엇인지 살펴보아야 한다. 교육목표를 명확히 하고 이와 관련된 행동을 할 수 있는 상황을 마련해야, 어떤 평가 도구를 통해 구체적인 학습활동을 평가해야 하는지 결정할 수 있다. 그리고 그 평가 도구를 통해 평가에 필요한 자료를 충분히 수집할 수 있는지, 평가하려는 행동을 직접적으로 확인할 수 있는 상황을 만들 수 있는지 확인해야 한다.

하지만 이러한 평가 도구 선택의 기준을 고려하지 않고, 문항 목록표나 예시 문항만 확인한 후 그 평가 도구를 사용하는 경우도 많다. 물리 평가에서는 A가 널리 쓰였다는 이유, 미술 평가에서는 B에 대한 추천이 많다는 이유, 유명한 수학자가 평가 도구로 C를 추천했다는 이유 등은 그것이 교육목표를 제대로 평가하는 도구라는 근거가 될 수 없다. 교육목표에 비추어 볼 때 그 평가 도구가 적절한지, 또는 행동 목표를 유발하는 상황을 조성할 수 있는 평가 도구인지를 확인하는 것이 필요하다.

평가 도구를 이런 방식으로 확인해 보면, 곧바로 사용해도 좋을 평가 도구와 조금은 수정해서 사용해야 할 평가 도구가 무엇인지를 알게 된다. 어떤 평가 도구는 전혀 쓸 만하지 않을 수도 있다. 이 경우에는 평가 도구를 새롭게 개발해야 한다. 매우 정교한 평가 도구를 만드는 것은 물론 쉬운 일이 아니다. 아무리 그렇다고 해도 어떤 평가 도구는 단순한 것을 넘어 조잡하기까지 하다. 구체적인 사례는 추후에 논의하기로 하겠다.

라. 증거 수집

네 번째 절차는 학생이 행동을 표현하는 평가 상황을 실제로 조성하고, 이를 통해 학생이 교육목표에 도달했다는 증거를 실제로 수집해야 한다. 학생의 문제 분석 능력을 평가하려면 학생에게 실제로 여러 가지 문제를 제시하고 이를 분석하도록 해야 한다. 이를 통해 문제 분석 능력 평가에 필요한 자료를 얻어야 한다. 학생이 자신의 관심사를 나타내도록 하려면, 설문지를 배부하고 자신이 흥미를 느끼는 것, 전혀 흥미를 느끼지 않는 것에 표시하도록 해야 한다. 이 방법이 학생의 흥미를 알아보는 데에 적합하다고 판단한다면, 이를 실제로 시행해 보고 만족할 만한 결과가 나타나는지 확인해야 한다. 이는 효과적인 평가 도구를 개발하는 중요한 절차이다.

마. 평가 결과 기록

다섯 번째 절차는 이러한 평가 상황에 나타난 학생의 행동을 기록하는 방법을 찾는 것이다. 지필평가에서는 학생이 직접 글을 남기기 때문에 별도의 기록이 필요 없다. 반면에 유치원의 놀이나 학습 상황을 관찰하는 것으로도 학생의 사회적 적응 능력을 확인할 수 있지만, 이를 통해 확인된 내용은 별도의 기록으로 남겨야 한다. 학생의 행동을 자세히 관찰하고 이를 상세히 기술할 수도 있고, 영상을 촬영하거나 음성을 녹음할 수도 있고, 체크리스트에 표시를 할 수도 있고, 그 밖의 방법을 사용할 수도 있다. 이러한 평가 상황을 만드는 것은 학생의 바람직한 행동을 유발하기 위해서도 필요하고, 평가 자료를 남기기 위해서도 필요하다.

바. 평가 단위 결정

여섯 번째 절차는 수집된 기록을 요약하거나 정리하는 데에 필요한 단위를 결정하는 것이다. 이는 당연히 교육목표와 관련을

맺어야 한다. 교육목표가 독서의 폭을 넓히고 성숙도를 심화시키는 것이라면, 독서의 폭과 성숙도를 기록할 수 있는 단위를 결정해야 한다. 독서의 폭은 몇 가지 분야의 책을 읽었는지로 표시할 수 있다. 어떤 학생이 서부 개척 소설과 탐정 소설 두 가지 분야의 책을 읽었다면 이 학생의 독서 폭은 2라고 기록할 수 있다. 어떤 학생이 모험, 로맨스, 심리, 사회학 등 네 가지 분야의 책을 읽었다면 그 학생의 독서 폭은 4라고 기록할 수 있다. 이와 마찬가지로, 독서의 성숙도는 어떤 학생의 독후감 작성 수준이 평균에 비해 어느 정도 수준인지를 분석하여 평가할 수 있다.

독서에 대한 평가는 단지 글을 읽고 시험을 치르는 것과 다르다. 평가에는 어떤 행동 특성을 평가하고 이를 어떤 단위로 측정하여 분석할 것인가 하는 문제가 포함되어 있다. 독서에 대한 평가는 독서의 폭과 성숙도를 대상으로 하는 것이기 때문에, 이를 평가하는 방법 역시 독서의 폭과 성숙도를 측정하는 방법이어야 한다.

객관식 평가도 마찬가지이다. 지식을 정확히 암기하고 있는지를 확인하는 문항을 위주로 출제할 것인지, 어떤 분야의 지식에 대해 알고 모르는지를 확인할 수 있도록 여러 분야의 문항을 출제할 것인지, 아니면 또 다른 방법을 쓸 것인지 정해야 한다. 인간의 행동을 평가하려면 이를 측정하는 방법이 있어야 하고, 이 방법을 정하는 것이 평가 도구 개발에서 중요한 문제이다.

사. 평가 결과 분석

평가에는 단순한 점수 부여가 아니라 이에 대한 분석도 필요하다. 어떤 학생은 97점이고 어떤 학생은 64점이라고 확인하는 것만으로는 교육과정 개발에 도움이 될 만한 자료를 얻었다고 볼 수 없다. 학생의 장단점을 분석하는 평가, 교육목표 하나하나를 대상으로 하는 평가, 교육목표 도달 여부를 여러 가지 방법으로 확인하는 평가를 해야 한다. 예를 들어 어떤 학생의 독서 성숙도는 그다지 발전하지 않았으나 독서의 폭은 넓어지고 있다는 것을 구체적으로 확인하는 것이 도움이 된다. 또한 어떤 학생이 독서에 대한 흥미는 그다지 늘어나지 않았으나 독해 능력이 좋아지고 있다는 것을 구체적으로 확인하는 것도 도움이 된다. 이처럼 어떤 부분에 강점이 있고 약점이 있는지를 분석적으로 평가해야 교육과정 개선에 도움이 된다. 이는 점수 산출보다 평가 계획을 잘 설계하는 것이 중요하다는 의미이기도 하다. 이것이 교육평가 개발에 중요한 요소이다.

아. 평가의 객관성, 신뢰도, 타당도 검증

다음 절차는 이러한 평가의 객관성, 즉 둘 이상의 평가 전문가가 같은 학생을 평가했을 때 얼마나 비슷한 점수가 나오는지를 확인하는 것이다. 평가자에 따라 성적 차이가 크다면 평가의 객관성이 확보되지 않은 것이다. 평가의 객관성은 점수 산출을 세분화함으로써 확보될 수도 있고, 학생 행동에 대한 기록을 정교하게 함으로써 확보될 수도 있다. 그 밖에 평가의 객관성을 확보하는 방법에 대해서는 논외로 하고자 한다. 하지만 평가의 객관성에 대한 인식을 명확하게 하고 이에 필요한 절차를 거치기 위해 노력을 해야 한다.

평가를 실시할 때는 점수 부여의 객관성뿐만 아니라 표집의 적절성도 검증해야 한다. 표집의 범위는 평가의 대상이 단일한가 다양한가에 따라 달라진다. 학생의 사회적 태도에 관해 평가하고자 할 때, 학생들의 사회적 태도가 대체로 비슷하다면 몇몇 학생들만 표본으로 삼아도 전체 학생에 대해 신뢰할 만한 정보를 수집할 수 있다. 이와 달리, 학생의 태도가 상황에 따라 달라진다면, 즉 어떤 상황에서는 이기적인 모습을 보이고 어떤 상황에서는 이타적인 모습을 보인다면, 다양한 상황을 표본으로 삼아야 학생의 사회적 태도에 대해 신뢰할 만한 분석을 할 수 있다. 따라서 어떤 학생의 태도를 제대로 평가하려면 어느 정도의 표집이 필요한지를 미리 단정하기는 어렵다. 평가 문항이 얼마나 다양해야 하는지, 표본을 얼마나 신뢰할 수 있는지, 표집의 크기는 어느 정도가 되어야 하는지를 확인하려면 그 평가 도구를 실제로 사용해 보아야 한다.

이는 평가 도구의 신뢰도에 대한 문제이다. 여기서는 평가 도구의 신뢰도를 확인하는 방법에 대해서는 논의하지 않겠다. 하지만 평가의 신뢰도란 무엇인지 아는 것은 매우 중요하다. 표집의 범위가 너무 작다든가 학생의 행동을 충분히 관찰할 시간이 부족했다면, 우선 표집의 범위를 확대해야 신뢰할 만한 결론을 도출할 수 있다.

　우리는 평가 도구의 두 가지 중요한 준거, 즉 객관성objectivity과 신뢰도reliability에 대해 논의하였다. 이제는 평가 도구의 세 번째 준거이자 가장 중요한 준거인 타당도validity에 대해 강조하고자 한다.

　평가의 타당도란 평가하고자 하는 것을 실제로 평가했는지를 의미한다. 평가의 타당도는 두 가지 방법으로 확인할 수 있다. 하나는 평가하고자 하는 대상의 표본을 직접 확보하는 것이다. 학생의 식사 습관을 알아보기 위해서는 학생이 선택한 음식이 무엇인지를 조사해야 한다. 학생의 독서 습관을 알아보기 위해서는 실제로 독서 기록을 확보해야 한다. 학생의 문제 해결 능력을 알아보기 위해서는 실제로 학생에게 문제를 제시해야 한다. 이를 안면 타당도face validity라고 한다. 이는 평가 대상을 직접 수집했기 때문에 평가의 타당도를 눈으로 분명하게 확인할 수 있다고 하여 붙여진 용어이다.

　타당도를 확인하는 또 다른 방법은 어떤 평가 도구를 활용해 나타난 결과와 실제 조사 결과 사이의 상관관계를 확인하는 방법이다. 독서에 대한 설문 조사 결과가 독서에 대한 실제 조사 결과와 상관성이 매우 높게 나타났다면, 그 독서 설문지는 학생의 독서 실태를 조사하는 타당한 평가 도구가 될 수 있다. 즉, 실험적 도구를 사용한 결과와 실제 결과가 유사하다는 의미에서 타당도가 높은 것이다. 때로는 새로운 평가 도구를 개발하는 것이 어렵거나 비용이 많이 든다는 이유로, 이미 개발된 간단한 평가 도구를 사용하기도 한다. 하지만 기존에 개발된 평가 도구를 통해 나타난 결과가 직접적인 조사를 통해 나타난 결과, 즉 안면 타당도를 확보한 도구를 통해 나타난 결과와 차이가 크다면, 그 평가 도구의 타당도를 인정할 수 없다.

이러한 절차는 평가 도구를 개발할 때 꼭 필요한 절차이다. 만약 평가 도구의 객관성과 신뢰도가 낮게 나왔다면 이를 개선해야 한다. 예비적 실험을 통해 나타난 문제점, 예를 들어 평가의 방향이 모호하다든가 학생에게 의미 있는 반응을 이끌지 못한다든가 하는 문제점을 개선해야 한다. 그래야 학생이 교육목표에 어느 정도 도달했는지를 정확하게 확인할 수 있는 평가 도구를 개발할 수 있다.

이러한 평가 도구는 평가 결과를 요약하거나 분석하는 데에 사용될 수 있다. 그 결과는 점수로 나타낼 수도 있고 서술식으로 나타낼 수도 있고, 두 가지 모두로 나타낼 수도 있다. 교육목표 도달 여부를 확인하는 데에 도움이 된다면 어떤 방식을 활용해도 좋다.

(4) 평가 결과의 활용

교육과정에 제시된 교육목표에는 평가의 요소도 제시되어 있다. 따라서 평가 결과는 점수나 서술식 의견으로만 나타내는 것이 아니라 학생의 성취 정도에 대한 분석적 프로파일이나 종합적인 의견으로도 나타낼 수 있다. 이를 통해 교육적 진보가 실제로 이루어졌는지를 확인할 수 있도록 해야 한다.

예를 들어 독서에 대한 흥미가 9학년에 비해 10학년에서 늘어나지 않았다면 독서 태도에 있어서 긍정적인 변화가 일어나지 않은 것이다. 이와 마찬가지로 글을 비판적으로 읽고 해석하는 능력이 9학년에 비해 10학년에서 발전하지 않았다면 교육적인 변화는 일어나지 않은 것이다. 따라서 교육적 변화가 얼마나 일어났는지를 알아보려면 사전 평가와 사후 평가 결과를 비교해 보아야 한다. 이러한 비교는 여러 방면에서 이루어져야 하는 복잡한 작업이다. 하지만 이러한 평가가 이루어져야 그 결과를 통해 교육과정의 강점과 약점을 분석하여 어느 부분을 개선해야 할지 알 수 있다.

예를 들어, 현대 사회의 쟁점을 중심으로 중핵 교육과정을 개발하여 운영하였더니, 학생들이 일 년 후에 사회적 쟁점에 대해 많은 정보를 얻고 사회적인 태도를 발전시킬 수 있었다. 하지만 학생들이 사회적 쟁점에 대해 타당한 결론을 도출하는 능력을 기르지는 못했고, 학생들의 사회적 태도에도 일관성이 부족했다. 이러한 평가 결과를 통해 이 교육과정이 학생들에게 더 많은 자료와 아이디어를 제공한 장점이 있는 반면에, 학생들의 일관성 있는 태도와 비판적 분석 능력을 길러내지는 못한 한계가 있다는 것을 알게 된다.

평가 결과를 점수로만 확인하면 다양한 개선점을 찾아낼 수 없다. 평가 결과를 통해 교육과정의 문제점에 대한 다양한 자료를 얻어낼 수 있도록 해야 한다. 평가 결과를 통해 교육과정의 장단점을 알아내는 것도 중요하지만, 장단점의 원인을 분석하는 것이 더욱 중요하다.

이를 앞에서 언급한 사례에 적용해 보자. 평가 결과를 분석해 본 결과, 학생들에게 많은 자료를 제공했지만 이를 제대로 분석해 볼 시간을 충분히 주지 못했다는 사실이 드러났다. 학생들이 읽어야 할 학습자료의 양은 6,000페이지가 넘었고, 다루어야 할 사회적 쟁점은 21가지였다. 학생들은 그 많은 학습자료를 모두 소화할 수 없었고, 비판적 분석 능력을 기르기에는 시간이 너무 부족했다.

이러한 평가 결과 분석을 통해 이 문제를 해결하기 위한 가설을 세워야 한다. 그리고 그 가설이 여러 자료에 비추어 볼 때 타당한지 확인해야 한다. 만약 가설이 타당하다면, 이에 따라 교육과정을 수정하여 운영한 후 학생들이 교육목표에 도달하게 되는지 알아보아야 한다. 만약 그러한 결과가 나타난다면 그 가설이 증명되는 셈이고, 교육과정을 새롭게 개선한 효과가 나타난 것이다.

이를 앞에 언급된 사례에 적용해 보자. 다음 해에는 수업 시간에 다루어야 할 사회적 쟁점을 21가지에서 7가지로 줄이고, 읽기 자료의 양도 절반 이상으로 줄여야 한다. 대신에 자료를 비판적으로 분석하고 적용해 보는 시간을 더 많이 주어야 한다. 그러면 학생들이 접하게 되는 정보의 양은 예전보다 적어지겠지만, 일관성 있는 사회적 태도, 사회적 쟁점을 분석하는 능력, 자료로부터 일반화된 결론을 도출하는 능력은 발전하게 될 것이다. 이는 학생들에게 가급적 많은 학습자료를 제공하는 것이 바람직하다는 가설이 잘못되었음을 알려주는 것이기도 하다. 이는 평가 결과를 교육과정과 수업을 개선하는 데에 활용한 사례이다.

교육과정 설계는 학습자료와 학습활동을 개발하여 이를 적용하고, 그 결과를 평가하여 장단점을 확인하고, 개선점을 찾아내는 지속적인 과정이다. 다시 설계하고 다시 개발하고 다시 평가하는 순환 구조 속에서 교육과정과 수업 계획은 매년 끊임없이 개선될 수 있다. 이를 통해 복불복의 교육과정이 아니라 더욱 효과적인 교육과정을 개발할 수 있다.

(5) 평가의 또 다른 가치

앞에서는 교육과정의 장단점을 알아내는 수단으로 평가를 활용하는 방법에 대해 알아보았다. 이는 교육과정 개발에서 평가가 담당하는 중요한 기능이다. 평가의 목적은 이 밖에도 있다. 교육목표가 명확하게 제시되지 않으면 학생이 어떤 학습활동을 해야 하는지 알 수 없다. 교육과정을 설계하는 단계에서 교육목표가 명확하게 제시되지 않을 경우, 평가를 통해 교육목표를 명확하게 확인할 수 있다.

평가는 학습에도 강력한 영향을 미친다. 뉴욕 교육위원회 보고서에 의하면, 뉴욕 교육위원회 시험이 뉴욕 교육과정보다 학교 수업에 더 많은 영향력을 미쳤다. 학생들은 기출문제를 염두에 두고 공부를 했고, 교사들도 출제가 예상되는 부분을 강조하며 수업을 진행했다. 이는 평가가 교육과정에 제시된 교육목표와 일치하지 않으면, 평가가 교육과정보다 학생과 교사에게 더 많은 영향을 미치게 된다는 것을 의미한다. 따라서 교육과정과 평가는 밀접하게 연계되어야 한다. 그래야 교육과정 개발 과정에서 의도한 효과도 살리고, 여러 가지 교육목표가 평가를 통해 강조될 수 있다.

평가는 학생 개개인을 지도할 때에도 중요한 역할을 한다. 평가를 통해 학생의 출신 배경을 이해할 수 있고, 여러 가지 교육목표에 어느 정도 도달했는지를 확인할 수 있으며, 부족한 부분과 잠재력을 알아낼 수 있다. 학생에 대한 종합적인 평가를 통해 학생 개개인에 대해 가치 있는 정보를 얻을 수 있다.

평가는 해당 학년 동안 지속적으로 이루어져야 한다. 그래야 교육적 성장의 관점에서 학생에게 필요한 도움과 프로그램이 무엇인지 확인할 수 있다.

평가는 또한 학교의 성취를 학부모에게 알리는 역할을 한다. 학교는 중요한 교육목표를 효과적으로 달성했는지를 통해 평가되어야 한다. 학교는 평가 결과를 학부모와 시민들이 이해할 수 있도록 안내해야 한다. 학교가 교육과정을 통해 얻은 결과를 정확하게 설명할 수 있을 때, 학교 교육과정 운영에 대한 지성적인 지지를 얼을 수 있다. 학부모와 시민들의 만족도는 학생 입학 수, 신축 건물 수와 같은 지표로 유지되는 것은 아니다. 학부모는 자기 자녀들에게 어떤 변화가 일어났는지를 알 권리가 있다. 현재 대부분의 평가 결과 보고서는 이런 점에서 만족스럽지 않다.

우리는 읽기 능력 부족 혹은 신체적 건강 부족 때문에 징병검사에서 탈락한 사람들을 알고 있으나, 이러한 능력 부족이 어느 학교에서부터 비롯된 것인지를 추적할 방법이 없다. 평가는 학생들에게 교육적 변화가 실제로 이루어지고 있는지, 어떤 교육목표를 달성하고 있는지, 교육과정에서 더 개선해야 할 점은 무엇인지를 알아내기 위한 목적으로 이루어져야 한다.

5.

교사는
교육과정
개발에
어떻게
참여해야
하는가?

■

　지금까지 합리적인 논거rationale에 따라 교육과정과 수업을 설계하는 문제를 다루었다. 하지만 개별 학교가 교육과정을 개발하는 절차에 대해서는 언급하지 않았다. 모든 교사가 새로운 교육과정을 개발하는 데에 동의한다면 지금까지 제시한 절차를 명확하게 따라야 한다. 하지만 교육과정을 부분적으로 개발하는 경우라면 지금까지 제시한 원리를 부분적으로 적용할 수도 있다.

　학교 교육과정을 완전히 새롭게 개발하려고 한다면, 교사의 폭넓은 참여가 필요하다. 수업 프로그램은 학생들이 겪어야 할 학습경험이 무엇인지를 밝히는 방식으로 설계해야 한다. 만약 교사들이 교육목표를 명확하게 이해하지 못하고 있다면, 교육목표에 따른 학습경험을 선정하지 못한다면, 선정된 학습경험에 따른 학습활동을 지도할 능력이 없다면, 학교의 교육목표를 달성하는 데에 필요한 교육과정을 제대로 운영할 수 없다. 따라서 모든 교사는 교육과정 개발에 참여해서 학교의 교육목표가 무엇이고 이를 달성하기 위한 수단이 무엇인지 이해해야 한다.

규모가 작은 학교에서는 모든 교사가 학생을 연구하고, 학교 밖 사회를 연구하고, 교과 전문가의 견해를 조사하는 교육과정위원회 활동을 해야 한다. 규모가 작은 학교에서는 모든 교사가 교육과정위원회 활동을 하면서 교육철학을 정립하고 학습심리학을 진술하는 작업을 해야 한다. 그 결과를 바탕으로 교사들이 모두 모여 학교 교육목표를 수립해야 한다. 그리고 그룹별로 모여 교육과정 조직 프레임워크에 대한 숙의를 진행해야 한다. 마지막으로 교과 담당 교사가 학습경험을 설계해야 하는데, 이 단계에서 다른 학년 동일 교과 교사나 관련 교과 교사의 도움을 받는 것이 좋다.

규모가 큰 학교에서는 학생에 대한 연구, 현대 사회에 대한 연구, 교과 전문가의 견해 조사 등을 담당할 소위원회를 나누어야 한다. 교육철학과 학습심리학에 대해서는 소위원회에서 초안을 잡겠지만, 교사 전체가 모여 토론을 하면서 결론을 도출해야 한다. 이러한 숙의를 진행할 때는 전체 교사를 작은 그룹으로 나누어 토론이 활성화되도록 해야 한다. 교육목표를 수립하거나 교육과정 설계 프레임워크를 만드는 것은 소위원회가 담당하겠지만, 최종적으로는 전체 교사가 모여 검토를 해야 한다.

규모가 작은 학교에서 교과별 학습경험을 설계할 때는 교과 담당 교사 모두가 참여해야 하고, 다른 학년의 동일 교과 교사나 관련 교과 교사도 참여할 수 있어야 한다. 그리고 모든 교과의 수업 계획을 검토하고 조정하는 특별위원회가 있어야 한다.

교육과정을 합리적으로 개선하려면 학교 전반을 아우르는 개선 작업을 해야 하고, 세부적인 수업 계획은 부분적으로 개선하면 된다. 세부적인 교육과정은 개별 교과, 개별 학년, 개별 교사 차원에서 만들겠지만, 교육과정의 원리는 모든 분야에서 동일하게 적용되어야 한다. 또한 부분적인 개선 작업은 전체 교육과정과의 관련성 속에서 이루어져야 한다.

학교 교육과정을 개선할 때 제기되는 또 다른 문제는 이 책에서 제시된 절차를 반드시 따라야 하는가 하는 문제이다. 당연하게도, 그럴 필요는 없다. 시작하는 단계에서는 교사의 관심사, 제기된 문제 상황, 이용할 수 있는 자료 등을 고려해야 한다. 어떤 학교에서는 학생에 대한 연구를 교육과정 개발의 출발점으로 삼았고, 어떤 학교에서는 졸업생에 대한 추적 연구를 통해 현행 교육과정의 문제점을 확인하게 되었다. 어떤 학교에서는 교사들이 교육철학을 숙의하면서 교육목표를 수립하였고, 그 이후에 학습경험에 대한 연구를 진행하였다.

이 책에서 몇 가지 원리를 제시한 이유는 교육과정과 수업을 설계할 때 고려해야 할 요소가 무엇이며 그것이 서로 어떤 관련이 있는지를 확인하는 관점을 알려주기 위한 것이다. 교육과정 개선은 어떤 단계에서부터도 시작될 수 있다. 그리고 결과적으로는 이와 관련된 교육과정 요소가 모두 개선되도록 해야 한다.

타일러라는
산봉우리를
넘어야 하는
이유

1. 이 책의 배경

현대 교육철학 연구가 듀이J. Dewey 이전과 이후로 나뉜다면, 현대 교육과정 연구는 타일러R. Tyler 이전과 이후로 나뉜다고 할 수 있다. 교육과정 및 교육평가 연구의 대가로 알려진 타일러 역시 듀이에게 많은 영향을 받았다. 이 책에는 듀이의 『Democracy and Education』(1916), 『Experience and Education』(1938) 등에서 말한 주요 개념과 아이디어들이 녹아들어 있다.

타일러는 '8년 연구'의 총책임자이기도 했다. '8년 연구'는 듀이의 진보주의 교육철학에 따라 운영된 학교 교육과정의 특징, 그리고 이 학교를 졸업한 학생들이 대학에서 어떤 성취를 보이고 있는지를 1933~1941년 동안 확인한 연구이다. 연구 결과, 진보주의 교육을 받는 학생이 사고력이나 사회성 등에서도 우수한 성과를 거두었을 뿐만 아니라, 일부의 우려와는 달리 전통적인 학력에서도 뒤처지지 않는다는 점이 밝혀졌다. 타일러는 그 연구를 통해 검증된 교육과정의 원리를 바탕으로 1949년에 이 책을 저술하였다.

　이 책은 당대 교육학의 연구 성과뿐만 아니라 '8년 연구'를 통한 실천적 경험까지 아우르고 있다. 그리고 이 책에서 제시된 교육과정의 원리는 지금까지도 전 세계에 가장 많은 영향을 주었다고 해도 과언이 아니다. 우리나라 국가 교육과정 문서 등 대부분의 교육과정이 '교육목표, 교육 내용, 교수학습, 평가'와 같은 방식으로 구성된 것도 타일러의 교육과정 모형으로부터 비롯된 것이다.

2. 주요 내용

　타일러의 교육과정 모형은 네 가지 질문에 따라 구성되어 있다. 그 질문은 "① 학교가 추구해야 할 교육목표는 무엇인가?(교육목표 수립) ② 교육목표를 달성하려면 어떤 학습경험을 선정해야 하는가?(학습경험 선정) ③ 학습경험을 효과적으로 조직하는 방법은 무엇인가?(학습경험 조직) ④ 교육목표에 도달했는지 어떻게 평가해야 하는가?(평가)"이다. 타일러는 이에 대한 답변을 직접 제시하지는 않았다. 다만 학교에서 교사가 이 질문을 탐구하고 답을 찾아가며 교육과정을 개발하는 절차를 안내하였다. 이

네 가지 질문이 교육과정 개발의 근거가 되어야 한다. 이를 'Tyler Rationale'(타일러의 논거)이라고도 부른다.

(1) 교육목표의 수립

이 중 타일러가 가장 중시한 것은 '교육목표의 수립'이다. 그가 보기에 교육목표는 학생들이 배워야 할 학습경험을 선정하고, 이를 체계적으로 조직하고, 평가를 통해 확인해야 할 절대적인 기준이다. 그래서 타일러는 이 책의 절반 정도의 분량을 통해 교육목표를 수립하는 절차를 서술하고 있다.

교육목표는 학생의 필요와 요구를 분석하고, 현대 사회의 쟁점을 연구하고, 교과 전문가의 견해를 참고하여 신중하게 수립해야 한다. 이 세 가지를 교육과정 수립의 원천source이라고 한다. 그리고 여러 가지 후보 중에서 교육적으로 바람직한 목표를 교육철학을 통해 한 번 걸러내고, 학생들의 발달 단계에 적합한 목표를 학습심리학을 통해 또 한 번 걸러내야 한다. 이 두 가지를 교육과정 수립의 체screen라고 한다. 이렇게 수립된 교육목표는 교사가 무엇을 가르치고 학생이 무엇을 배워야 하는지 명확하게 이해할 수 있도록 진술되어야 한다. 이를 위해서는 교육목표를 '행동 요소'와 '내용 요소'로 나누어 "~을 ~한다"라는 같은 방식으로 제시해야 한다. 이를 위해 '교육목표 이원분류표'를 활용하면 좋다.

타일러는 교육과정의 요소 중에서 교육목표를 가장 중요한 준거로 보았기 때문에 그의 교육과정 모형을 '목표중심 교육과정'이라고 한다. 우리나라 국가 교육과정 문서도 교육목표(교육이념, 추구하는 인간상, 핵심역량, 교과별 목표, 성취기준 등)에 대한 진술로 시작된다. 이 중 가장 미시적 목표에 해당하는 성취기준은 타일러가 주장했던 방법 즉, 내용 목표와 행동 목표를 결합하는 방식인 "~을 알고, ~을 할 수 있다"라는 문장으로 기술되어 있다.

교육과정 개발자인 교사는 특히 '학생의 필요와 요구'를 분석해야 한다. '필요'와 '요구'는 비슷해 보이지만 서로 다른 개념이다. '필요'는 '이상적인 상태와 현재 상태 사이의 거리', '학생이 배워야 할 것'이고, '요구'는 '학생이 배우고 싶어 하는 것'이다. 이 두 가지는 같을 수도 있지만 다를 수도 있다. 이 중 더 중요한 것은 '학생의 필요'이다. 학생이 배우기를 원하지 않더라도 학생이 성장하려면 배워야 할 것이 있다. 교사는 학생의 필요를 파악하고, 학생이 이를 배울 기회를 주어야 한다.

교사는 또한 우리 사회의 현실, 학생이 살아가게 될 미래 사회의 전망 등에 대해서도 숙고해야 한다. 그래야 학생에게 필요한 것이 무엇인지 알고 이를 교육과정 목표에 반영할 수 있다. 예를 들어 기후 위기의 시대를 맞아 생태 역량이 중요하다고 판단한다면, 학생의 생태 역량이 어느 정도인지를 진단하고, 학생에게 필요한 생태교육의 목표를 수립해야 한다.

타일러는 교육목표를 수립할 때 교과 전문가의 견해를 참고해야 한다고 했다. 이를 최신의 학문적 경향을 교육목표로 수립해야 한다는 의미로 오해해서는 곤란하다. 타일러는 교과 전문가가 생각해야 할 것이 "장차 교과 전문가가 되지 않을 학생에게 그 교과를 가르치는 이유가 무엇인가?"라는 질문이어야 한다고 말했다. 다시 말해 수학 교사는 수학 전문가의 지식을 학생에게 가르치는 것을 목표로 삼아야 하는 것이 아니라, 수학자가 되지 않을 학생도 수학을 배워야 하는 이유를 생각하고 이를 수학교육의 목표로 삼아야 한다는 것이다.

이러한 교육목표의 정당성을 뒷받침하는 것이 교육철학과 학습심리학이다. 교육철학은 왜 가르치는가에 대한 답변을, 학습심리학은 언제 어떻게 가르칠 것인가에 대한 답변을 찾는 데에 도움이 된다. 교육목표는 마땅히 철학적으로 정당한 것이어야 하며, 학생의 발달 심리적 측면에서 볼 때 배울 만한 것이어야 한다. 따라서 철학적으로 정당화될 수 없는 목표, 학생의 수준에 적합하지 않은 목표는 기각되어야 한다.

타일러는 이렇게 엄격한 논거에 의해 수립된 교육목표를 '행동 목표'와 '내용 목표'로 나누어 진술해야 한다고 주장했다. 이를 이해할 수 있도록 이 책에 교육목표 이원분류표의 예시도 제시하였다. 그의 교육과정 모델은 이처럼 명시적이고 세부적인 교육목표로 출발한다. 대부분의 국가 교육과정에 나오는 성취기준standard은 이런 방식으로 진술되어 있다. 이러한 방식의 교육목표 진술에는 장단점이 있다. 이는 이후에 언급하도록 하겠다.

(2) 학습경험의 선정

교육목표를 수립했으면 이와 관련된 학습경험을 선정해야 한다. 타일러는 '교육 내용'이라는 용어 대신에 '학습경험'이라는 용어를 일관되게 사용하고 있다. 여기에는 듀이의 경험중심 교육과정론의 영향이 깊게 배어 있다.

교육과정이라는 용어 자체에 '교사가 가르친 것'과 '학생이 실제로 배운 것'의 의미가 모두 담겨 있다. '학생이 실제로 배운 것'은 교육과정 목표나 교사의 의도와 일치할 수도 있지만 그렇지 않을 수도 있다. 이를 중시한 개념이 '학습경험'이다.

타일러는 학생에게 실제로 바람직한 학습경험이 이루어지려면 다섯 가지 원리를 따라야 한다고 보았다. 이는 '기회의 원리', '가능성의 원리', '만족의 원리', '동목표 다경험의 원리', '동경험 다성과의 원리'이다. 그리고 이 원리에 따라 사고력 계발, 정보 습득, 사회적 태도 형성, 흥미 계발에 도움이 되는 학습경험의 예를 구체적으로 제시하고 있다.

이러한 타일러의 논의를 참고로, 교육과정 연구자와 교사는 국가 교육과정이나 학교 교육과정에 선정된 학습경험은 어떤 원리와 기준에 따라 선정된 것인지 점검해야 할 것이다. 그리고 학생이 실제로 어떤 학습경험을 하는지 알아보아야 할 것이다. 이를 위해서는 학생이 교육과정 개발에 참여할 필요가 있다.

(3) 학습경험의 조직

학습경험의 조직이란 선정된 학습경험을 체계적으로 엮어가는 방식을 말한다. 타일러는 이를 수직적 조직과 수평적 조직으로 나누었고, 여기에 적용되는 원리를 '계속성', '계열성', '통합성'이라 하였다.

본문에 여러 번 언급되어 있듯이, '계속성'은 어떤 학습경험을 여러 번 반복해서 익힐 수 있도록 조직하는 것이고, '계열성'은 학습경험을 반복하면서 점차 그 폭과 깊이를 더하도록 조직하는 것이다. 이 두 가지는 학습경험을 수직적, 즉 시간의 흐름에 따라 조직하는 원리이다. '통합성'은 학습경험을 여러 교과, 여러 분야를 통합하여 다루는 것을 의미한다. 이는 학습경험이 수평적으로 넘나들도록 조직하는 원리이다.

이 세 가지 조직 원리가 결합하면 이른바 '나선형 교육과정'이 만들어진다. 타일러는 이 용어를 명확히 제시하지는 않았지만, 이후 브루너J. Bruner가 '지식의 구조' 이론을 정립하면서 '나선형 교육과정'을 통해 지식의 깊이와 폭을 심화시켜 가야 한다고 주장했다.

이처럼 학습경험을 효과적으로 조직하려면 학습경험의 기본 단위를 설정해야 한다. 타일러는 학습경험의 단위를 차시, 화제, 단원, 개별 과목, 광역 교과 등으로 나누어 설명하였다. 이 단위는 지나치게 넓어도 지나치게 좁아도 곤란하며, 적정한 단위가 계속성, 계열성, 통합성의 원리에 따라 체계적으로 조직되어야 한다고 강조했다.

우리의 교육과정도 이러한 방식으로 조직되어 있는지 확인해 볼 필요가 있다. 그렇게 조직되어 있다면, 학생들은 어떤 내용을 반복해서 배우게 될 것이다. 상급 학년에 올라갈수록 그 내용을 심화시켜 배우게 될 것이다. 어떤 교과의 내용을 다른 교과와 통합적으로 배우게 될 것이다.

그렇게 된다면 배움을 포기하는 학생, 피상적인 지식만 아는 학생, 한 분야만 맹목적으로 좋아하고 다른 분야는 아예 싫어하는 학생은 거의 없게 될 것이다. 학생들의 실제 학습경험도 이와 같은지 확인해 보아야 한다.

(4) 평가

타일러의 공헌 가운데 하나는 평가를 교육과정 안으로 포함했다는 것이다. 평가가 교육과정의 일부인 이유는 평가의 목적이 교육목표 도달 여부를 확인하고 그 결과를 교육과정 개선을 위한 자료로 활용하는 것이기 때문이다.

타일러가 말하는 평가는 교육목표에 도달했다는 증거를 수집하는 과정이다. 따라서 증거를 수집할 만한 평가 방법과 도구를 활용해야 한다. 이런 점에서 전통적인 지필평가(선다형, 단답형)는 그다지 유용한 평가 도구가 될 수 없다. 단편적인 지식 습득 여부만 확인할 수 있기 때문이다. 그래서 타일러는 관찰, 설문, 면접, 산출물 등을 평가의 방법으로 제시하고 있다. 그래야 학생의 행동 변화를 직접 확인하여 학생의 장단점을 분석할 수 있기 때문이다. 이는 요즘 말하는 수행평가에 해당한다.

타일러가 말하는 평가는 학생에 대한 평가만을 의미하는 것이 아니라, 교육과정에 대한 평가까지 포함한다. 평가를 통해 학생이 교육목표에 도달하지 못했다는 것을 확인하고 나면, 학생의 문제점만을 분석하는 것이 아니라 교육과정의 문제점까지 분석해야 한다. 타일러는 이에 대한 사례를 하나 제시했다. 어느 학교에서 지나치게 많은 분량의 자료를 제시하면서도 실제로 그 자료를 분석할 만한 학습활동을 하지는 못했다. 평가 결과 학생들이 여러 가지 정보를 얻을 수는 있었으나 그 정보를 비판적으로 해석하는 능력은 기르지 못했다는 점이 확인되었다. 이러한 평가 결과를 바탕으로, 그 학교는 자료의 양은 대폭 줄이고 자료를 분석하는 학습활동을 충분히 해야 한다는 개선책을 도출하였다. 이것이 평가를 통해 교육과정을 개선한 사례이다.

한국의 평가는 입시의 영향을 크게 받고 있다. 학생의 점수를 확인하고 이를 서열화하는 것이 평가의 목적인 것처럼 인식되고 있다. 그래서 교육목표 도달 여부 확인, 학생의 장단점 분석, 교육과정 개선점 도출이라는 평가의 목적을 제대로 살리지 못하고 있다. 이런 현실을 극복하기 위해서라도, 타일러가 말하는 평가의 본질에 대해 깊이 숙고할 필요가 있다.

3. 타일러의 교육과정 이론에 대한 상반된 평가

타일러의 교육과정 이론은 지금까지도 교육과정 개발 및 연구에 큰 영향을 미치고 있다. 타일러의 이론은 이후 블룸B. Bloom의 '교육목표 분류학', 위긴스와 맥타이Wiggins & McTighe의 '백워드 교육과정 설계' 등으로 이어져 '교육과정 개발 패러다임'이라는 흐름을 이루고 있다.

그러나 타일러의 교육과정 이론에 대한 비판적 평가도 존재한다. 대표적으로 클리바르드H. Kliebard는 타일러 이론이 효율성과 합리성만을 강조한 탈가치적 모형이라고 비판했다. 또한 지나친 목표 중심적 사고로 인해 과정이나 수단은 경시하면서도, 정작 무엇이 좋은 교육목표인지는 말하지 않았다고 비판하였다. 이처럼 목표 중심의 효율성을 강조한 이면에는 근대 산업화 시대의 냉혹한 논리가 깔려있다는 것이다.

타일러가 교육목표를 수립하는 절차에 대해서는 치밀하게 제시하였지만, 무엇이 좋은 목표인지에 대해 충분히 언급하지 않은 것은 사실이다. 그는 교육철학을 통해 교육목표의 정당성을 판단하라고 했을 따름이다. 이런 점에서 그의 교육과정 이론은 주로 절차적 합리성을 강조하고 있다.

더욱이 타일러는 교육목표를 '행동 목표'와 '내용 목표'로 나누어 이원적으로 제시하는 것이 좋다고 강조하였다. 이처럼 교육목표를 명시적·세부적으로 제시해야 이에 따라 수업 및 평가가 진행될 수 있기 때문이다. 그러나 아이즈너E. Eisner는 교육목표를 사전에 명시적으로 제시하는 것이 오히려 교육과정 운영을 방해할 수 있다고 보았다. 교육목표를 지나치게 세부적으로 제시하면 수업의 과정에서 교사와 학생의 적극적인 상호작용에 따라 일어나는 역동적인 흐름을 무시할 수 있기 때문이다.

타일러의 이론을 비판하는 학자들은 타일러 모형이 이후 미국의 신자유주의적 책무성 정책, 동아시아의 입시경쟁교육과 결합해 한층 더 부정적인 방향으로 왜곡되어 왔다고 본다. 타일러가 강조했던 '명시적·세부적 교육목표 → 효율적인 수업 → 목표 도달을 확인하는 평가' 모델이 입시경쟁교육과 결합하면 타일러의 본뜻과는 무관하게 '단편적 지식 위주의 교육목표 → 주입식·암기식 수업 → 선다형 위주의 평가'로 구현되기 쉽다. 이는 과거 한국의 입시교육 풍토를 통해서도 확인할 수 있다.

미국에서는 타일러 모형이 신자유주의 책무성 정책과 결합하여 부정적인 효과를 낳기도 했다. 대표적인 것이 악명 높은 낙오자방지법No Children Left Behind, NCLB이다. 학생들의 심각한 학력 저하 문제에 직면한 미국 당국은 정부 차원의 통일된 성취기준을 만들고, 각 학교 학생들이 이 기준에 얼마나 도달했는지를 일제식 평가를 통해 확인하고, 성과가 좋지 않은 학교는 정원 감축이나 폐교 등의 조치를 하는 법안을 시행하였다. 이를 '기준 기반 운동' 혹은 '책무성 운동'이라 부른다. 이때 사용되었던 담론이 '교육과정-수업-평가 일체화alignment'이다. 자동차 바퀴를 앞 방향을 향해 정확하게 일렬로 맞추듯이, 국가가 정한 목표에 따라 모든 학교의 수업과 평가가 정확히 정렬되어야 한다는 것이다. 여기에 타일러 모형이 활용되었다.

물론 이러한 비판적 평가에 대해 반론을 제기하는 학자도 있다. 이 책의 1995년 판 서문에서 흘레뵈치P. Hlebowitsh는 타일러의 의도 자체가 교육과정을 수립하는 절차를 제시하는 것이지, 교육과정에 대한 가치 평가를 하는 것이 아니라고 하였다. 그는 또한 타일러의 논리에는 도구적, 합리주의적 요소만 있는 것이 아니라 듀이의 철학에 기반한 진보주의적 요소도 있다는 점을 강조한다. 타일러가 강조했던 '학생에 대한 연구', '학습경험의 성장', '민주적 사회에 대한 신념' 등이 그러하다.

그는 또한 타일러 모델이 신자유주의적 책무성에 의해 왜곡된 역사가 있었던 것도 사실이지만, 타일러 모델이 교육 평등을 위해 사용될 수도 있다는 점을 강조한다. 타일러의 논거에 따라 통일된 목표를 명확하게 설정하고 여기에 학생들이 얼마나 도달했는지를 확인하면, 이를 토대로 목표에 도달하지 못한 학생을 위한 대책을 마련할 수 있다는 것이다. 그래야 모든 학생을 위한 교육의 기회균등이 실질적으로 이루어질 수 있다는 것이다.

이처럼 타일러의 모델이 근대 자본주의적 효율성과 성과주의를 추구하는 논리로 활용되는지, 아니면 모든 학생의 성장을 돕는 도구로 활용되는지는 역사적 맥락에 따라 다르다고 볼 수 있다. 그리고 이를 타일러의 책임으로 돌리는 것이 타당한지 아니면 그의 모델을 활용하는 교육자의 몫으로 여기는 것이 타당한지도 따져보아야 한다. 이러한 판단을 위해라도 타일러의 이론을 정확히 이해하는 것이 필요하다.

4. 타일러 이후 교육과정 연구의 흐름

파이너W. Pinar는 타일러의 논리를 극복하는 패러다임을 제시하고자 했다. 타일러가 남긴 128쪽의 『The Basic principles of Curriculum and Instruction』(1949)을 넘어서기 위해 파이너와 그의 동료들은 1,084쪽의 『Understanding Curriculum: An Introduction to the Study of Historical and Contemporary Curriculum Discourses』(1995)라는 책을 발간하였다.

파이너는 타일러 모형을 '교육과정 개발 패러다임'으로 부르고, 이를 넘어 '교육과정 이해 패러다임'으로 가야 한다고 주장하였다. 파이너는 교육과정curriculum의 어원인 라틴어 'currere'라는 단어에 주목하여, 교육과정의 개념을 '목적지로 가는 길'과 '길 위에서의 경험' 두 가지로 나누고, 이 중 후자를 중시했다.

타일러는 '목적지로 가는 길'을 체계적으로 만드는 절차를 강조했다. 그래서 타일러 모형을 '교육과정 개발 패러다임'이라고 한다. 반면 파이너는 '길 위에서의 실존적 경험'을 이해하고 해석하는 것을 강조했다. 그래서 파이너가 제시한 패러다임을 '교육과정 이해 패러다임'이라고 한다. 파이너에 따르면 교육과정은 정해진 길을 가는 것이 아니라, 자신의 길을 만들어 가며 그 속에서 자신의 실존적 의미를 찾아가는 것이다.

이러한 교육과정 경험을 이해하고 해석하는 연구방법론은 매우 다양하다. 파이너와 그의 동료들은 『Understanding Curriculum』에서 역사학, 정치학, 현상학, 페미니즘, 포스트모더니즘, 신학, 예술 등 여러 학문의 연구방법론을 통해 교육과정을 해석하는 사례를 제시하고 있다.

이 중 교육과정을 예술로 바라보는 관점과 정치학적으로 바라보는 관점을 간단히 소개하고자 한다. 아이즈너는 교육과정을 심미적, 예술적 과정으로 보았다. 앞에서도 언급했듯이, 아이즈너는 타일러 모형처럼 세부적 교육목표를 사전에 명확하게 제시하는 것이 교육과정을 예술적으로 운영하는 데에 걸림돌이 될 수도 있다고 보았다. 그는 타일러 모형에 제시된 교육목표를 행동주의적 목표라고 칭했다. 이와 반면에 어떤 교육목표는 수업의 과정에서 교사와 학생의 상호작용을 통해 새롭게 만들어질 수도 있다. 그는 이러한 교육목표를 '표현적 결과expressive outcomes'라고 불렀다.

예를 들어 행동주의적 교육목표는 "소설을 읽고 어떤 역사적 배경이 반영되었는지 분석한다"라는 방식으로 제시된다. 하지만 어떤 학생은 실제 수업에서 역사적 배경에 관심을 두기보다 인물의 심정에 깊이 공감할 수도 있다. 그렇다면 교사는 이러한 학생의 반응을 세심하게 관찰하면서, 학생이 왜 그 인물에 몰입하는지, 학생의 경험과 어떤 유사성이 있는지에 대해 서로 대화를 나눌 수도 있다. 그 결과 애당초 수립했던 교육목표와는 달리 문학 작품을 통해 타인의 처지에 공감하고 자신을 새롭게 발견하는 방향으로 수업이 흘러갈 수도 있다. 결과적으로 '소설 속 인물을 통해 자기를 성찰하는 것'이 새로운 교육목표로 도출될 수 있다. 이것이 교사와 학생의 역동적 상호작용 속에서 새롭게 도출되는 생성적 목표, 교육활동의 결과로 드러나는 목표이다. 교육과정은 이처럼 다양한 흐름과 변주를 즐길 수 있는 예술적 과정이어야 한다. 이러한 아이즈너의 예술적 교육과정 이론은 타일러의 과학적, 합리주의적 교육과정 이론과는 또 다른 시사점을 준다.

교육과정을 정치학적 관점에서 해석한 대표적인 학자는 애플 M. Apple이다. 타일러는 "교육목표를 달성하려면 어떤 학습경험을 선정해야 하는가?"라는 질문을 던졌지만, 애플은 "학교에서 가르치는 지식은 누구의 입장에 의해 선정되는가?", "학교에서 가르치는 교육과정의 정치적 성격은 무엇인가?"라는 질문을 던졌다. 미국의 교육과정을 분석한 애플은 학교에서 가르치는 교육과정에는 주로 백인 남성 중산층의 입장이 반영되어 있고, 여성 흑인 노동자계급의 입장은 배제되어 있다고 보았다.

애플은 이처럼 공식적 교육과정에서 배제된 것 중에서 중요한 것을 다시 복원하는 것이 교육과정 연구자와 교사의 역할이라고 하였다. 그리고 이를 통해 소외된 자들을 교육의 주체로 세워 지배 권력에 맞선 연대를 구축해야 한다고 주장하였다. 그는 이러한 교육과정을 운영하는 학교를 '민주적 학교'라고 불렀고, 이를 통해 학생의 사회 변혁적 역량을 키워야 한다고 주장하였다. 애플이 주장한 교육과정 이론은 듀이의 진보주의 교육과정 이론의 맥락을 이어가면서 여기에 정치적 성격과 사회 변혁적 요소를 더한 것으로 볼 수 있다.

이상에서 언급한 '교육과정 이해 패러다임'은 타일러의 이론을 다양한 각도에서 비판하며 극복하고자 한 흐름으로 볼 수 있다. 이와 달리 타일러의 '교육과정 개발 패러다임'을 새롭게 계승한 흐름도 있다. 대표적인 것이 백워드 교육과정 이론이다.

백워드 교육과정 이론은 Wiggins와 McTighe의 저서 『Understanding by Design』에 체계화되어 있다. 'Understanding by Design'은 '학생들이 진정한 이해에 이르도록 하는 백워드 방식의 교육과정 설계'라는 의미이다. 그래서 이를 '이해중심 교육과정', 혹은 '거꾸로 설계하는 교육과정'이라고도 부른다. 여기에 제시된 교육과정 모형은 타일러의 모형을 계승하면서도 이를 조금 다른 각도에서 변형한 것이다.

'백워드 교육과정' 설계의 첫째 단계는 '최종적인 목적지', '바라는 결과'를 먼저 기술하는 것이다. 두 번째 단계는 '평가 계획'을 세우는 것이다. 타일러의 모형에서는 '교육목표의 수립, 학습경험의 선정, 학습경험의 조직, 평가'의 순으로 되어 있고, 학교 현장에서도 평가를 마지막에 실시하지만, 백워드 교육과정에서는 평가 계획을 미리 수립할 것을 권장한다. 이렇게 함으로써 교육목표, 평가, 수업을 목적의식적으로 연계하는 것이 백워드 교육과정의 특징이다. 백워드 교육과정 모델은 최근 세계 각국에서 널리 주목받고 있다.

이상에서 간략하게 언급한 교육과정 연구의 흐름은 타일러의 이론을 계승한 연구와 타일러의 이론을 비판한 연구로 나눌 수 있다. 그만큼 타일러가 교육과정 연구 및 실천에 미친 영향은 실로 지대하다고 볼 수 있다.

5. 타일러의 교육과정 이론과 한국 교육

타일러의 이론을 옹호하든 비판하든, 그의 영향력은 지금도 국가 교육과정 문서나 우리의 사고 체계 속에 알게 모르게 남아 있다. 교사나 교육과정 연구자가 타일러를 읽어야 하는 이유에는 여러 가지가 있겠지만, 한국 교육의 과제를 중심으로 몇 가지만 언급하고자 한다.

우선 타일러를 비판적으로 읽어야 할 부분이 있다. 그는 명시적·세부적 교육목표를 강조했다. 이것이 그 이론의 장점이 될 수 있다. 우리나라 국가 교육과정의 성취기준도 이러한 방식으로 진술되어 있다. 하지만 명시적·세부적인 교육목표에 얽매이다 보면 수업의 역동적인 과정을 살려내기 어렵고, 평가 역시 지엽적인 부분에 얽매이기 쉽다.

　과거에는 학교에서 평가를 시행할 때마다 '이원목적분류표'를 의무적으로 작성해야 했다. 이원목적분류표의 원조가 바로 타일러이다. 하지만 지금은 이원목적분류표 작성 지침이 폐지되었다. 그 이유는 교육목표를 이처럼 명확하게 나누어 진술하는 것 자체가 사실상 불가능한 일이기 때문이다.

　국가 교육과정에 제시된 성취기준 역시 타일러가 말한 행동주의적 방식으로 진술되어 있다. 그래서 성취기준은 대체로 명확한 교육목표를 제시하고 있지만, 학생들이 길러야 할 지식, 기능, 태도 및 가치 등을 포괄적으로 제시하지 못하는 경우가 많다. 따라서 교사는 협소한 성취기준을 넘어 보다 포괄적인 교육목표를 생각해야 한다. 최근에 핵심 아이디어big idea나 역량 등의 개념이 강조되는 이유도 이와 관련이 깊다.

　또한 타일러는 교육목표를 중심으로 학습경험의 선정 및 조직, 평가의 완전한 통일체를 지향했다. 이는 매우 체계적인 모델로 볼 수도 있으나, 자칫 획일화된 교육과정을 낳을 수도 있다. 특히 이 모델이 입시경쟁교육과 만나게 되면 획일화된 목표, 주입식 교육, 일제식 평가로 왜곡될 우려도 있다. 타일러 모형의 뿌리에는 '눈에 보이는 성과', '효율적인 성과 달성'을 강조했던 근대 산업화 시대의 패러다임이 있었음도 인식해야 한다.

　이러한 시대적 한계에도 불구하고 타일러의 이론이 우리 교육에 제기하는 시사점도 매우 많다.

우선 타일러의 교육과정은 학생의 입장을 강조한다. 타일러는 이 책에서 '교육내용'이라는 용어 대신 '학습경험'이라는 용어를 일관되게 사용하고 있다. 이는 교육과정을 설계할 때 '교사의 입장에서 가르쳐야 할 것'이 아니라 '학생의 입장에서 배워야 할 것'을 늘 염두에 두어야 한다는 뜻이다. 듀이도 강조했듯이, 교육의 목적은 '경험에 대한 성찰과 학생의 전인적인 성장'이기 때문이다.

다음으로 타일러는 교과 교육에 대한 우리의 통념을 바로잡아 주고 있다. 수학교육의 목적은 학생을 수학자로 키우는 것이 아니다. 수학교육의 목표를 수립할 때에는 '장차 수학자가 되지 않을 학생에게 수학을 가르쳐야 하는 이유'를 늘 생각해야 한다. 따라서 교사의 역할은 수학적 지식을 전달하는 것이 아니라 학생들이 수학적 경험을 통해 수학적 사고 능력을 기르고 수학의 아름다움을 느끼도록 돕는 것이어야 한다.

그리고 타일러는 평가의 본질이 무엇인지 잘 설명하고 있다. 우리나라 교육의 상황에서 평가는 곧 시험이고, 시험은 점수를 산출해 학생을 서열화하는 절차이다. 그러나 타일러가 말하는 평가는 학생이 교육목표에 도달했는지를 확인하는 절차이다. 만약 학생이 교육목표에 도달하지 못했다면 그 이유를 찾아내고, 이를 바탕으로 교육과정과 수업을 개선하여, 모든 학생이 성장할 수 있도록 돕는 것이 평가의 목적이다. 그렇기에 평가의 방법에는 전통적인 지필평가만 있는 것이 아니다. 타일러 당시에는 수행평가라는 용어가 없었으나, 타일러는 이 책에서 사실상 수행평가의 방법을 제시하였다. 이러한 타일러의 견해를 참고로 평가의 본질을 회복하는 노력이 이루어져야 한다.

가장 중요한 것은, 교사가 교육과정 개발의 주체가 되어야 한다는 것이다. 이 책의 마지막 장에서 타일러가 강조했듯이, 교사들이 함께 바람직한 교육목표를 수립하고, 이에 어울리는 학습경험을 선정하고, 이를 학년이나 교과별로 효율적으로 조직해야 한다. 이 과정에서 꼭 필요한 것이 숙의deliberation이다. 훗날 워커F. Waker라는 학자가 체계적으로 정리했던 '숙의 교육과정'의 개념이 이 책에도 간략하게 언급되어 있다.

이 책 전반의 흐름으로 볼 때 교육과정 개발에 필요한 숙의란 '질문에 답하는 과정'이다. 학교가 추구해야 할 교육목표는 무엇인지, 그 목표를 달성하려면 어떤 학습경험을 선정해야 하고 어떤 방식으로 조직해야 하는지에 대해 교사들이 하나하나 답을 찾아가는 과정이다. 교사는 다른 사람이 만든 교육과정을 그대로 이행하는 수동적인 존재가 아니라 교육과정 개발의 주체가 되어야 하고, 그러려면 이러한 숙의 절차를 거쳐야 한다. 물론 타일러도 강조했듯이 이 책에 나온 절차대로만 교육과정을 개발할 필요는 없다. 중요한 것은 교육과정의 본질과 원리에 대한 이해, 교육과정 개발을 위한 숙의와 상상력이다.

타일러의 이론은 분명 교육과정의 거대한 산봉우리 중 하나이다. 물론 타일러 이외에도 우리가 올라가야 할 산봉우리는 많다. 교육과정을 합리적 관점에서 개발해야 하고, 교육과정을 정치적 입장에서 비판해야 하고, 교육과정을 예술적 입장에서 감상해야 하고, 교육과정을 실존적 입장에서 이해해야 한다. 그 출발점은 아마도 타일러일 것이다. 타일러라는 큰 봉우리를 넘어서야 교육과정을 자유롭게 이해하고 개발할 수 있다. 그리고 그 봉우리 너머 너른 들판에서 우리 학생들의 지혜와 사랑과 힘이 자라나게 될 것이다.

2024년 새봄
이형빈

삶의 행복을 꿈꾸는 교육은
어디에서 오는가?

● **교육혁명을 앞당기는 배움책 이야기** 혁신교육의 철학과 잉걸진 미래를 만나다!

● **비고츠키 선집** 발달과 협력의 교육학 어떻게 읽을 것인가?

● **경쟁과 차별을 넘어 평등과 협력으로 미래를 열어가는 교육 대전환!** 혁신교육 현장 필독서

| 전문적 학습네트워크 | 크리스 브라운 외 엮음 | 성기선·문은경 옮김 | 424쪽 | 값 24,000원 |

전문적 학습네트워크 크리스 브라운 외 엮음 | 성기선·문은경 옮김 | 424쪽 | 값 24,000원

초등 개념기반 탐구학습 설계와 실천 이야기 김병일 외 지음 | 380쪽 | 값 27,000원

선생님이 왜 노조 해요? 교사노동조합연맹 기획 | 324쪽 | 값 18,000원

교실을 광장으로 만들기 윤철기 외 지음 | 212쪽 | 값 17,000원

자율성과 전문성을 지닌 교사되기 린다 달링 해몬드 외 지음 | 전국교원양성대학교총장협의회 옮김 412쪽 | 값 25,000원

선생님, 완벽하지 않아도 괜찮아요 유승재 지음 | 264쪽 | 값 17,000원

지속가능한 리더십 앤디 하그리브스 외 지음 | 정바울 외 옮김 | 352쪽 | 값 21,000원

남도 명량의 기억을 걷다 이돈삼 지음 | 280쪽 | 값 17,000원

교사가 아프다 송원재 지음 | 300쪽 | 값 18,000원

존 듀이의 생명과 경험의 문화적 전환 현광일 지음 | 272쪽 | 값 17,000원

왜 읽고 쓰고 걸어야 하는가? 김태정 지음 | 300쪽 | 값 18,000원

참된 삶과 교육에 관한
생각 줍기